Paulo Francis

Coleção Perfis do Rio

Obra patrocinada pela Prefeitura do Rio e pela Secretaria Municipal das Culturas, produzida em parceria pelo RIOARTE e editora Relume Dumará.

Prefeito da Cidade do Rio de Janeiro
Cesar Maia

Secretário Municipal das Culturas
Ricardo Macieira

Presidente do Instituto Municipal de Arte e Cultura – RIOARTE
Rita de Cássia Sámarques Gonçalves

Diretora de Projetos
Fátima França

Coordenação Editorial
Leonel Kaz
Silvia Mamede

Daniel Piza

Paulo Francis

BRASIL NA CABEÇA

2ª Edição

Rio de Janeiro
2004

© Copyright 2004, Daniel Piza
Direitos cedidos para esta edição à
DUMARÁ DISTRIBUIDORA DE PUBLICAÇÕES LTDA.
Rua Nova Jerusalém, 345 – Bonsucesso
CEP 21042-235 – Rio de Janeiro, RJ
Tel. (21)2564-6869 (PABX) – Fax (21)2560-1183
E-mail: relume@relumedumara.com.br

Revisão
A. Pessoa

Editoração
Dilmo Milheiros

Capa
Victor Burton
Foto da capa
Agência *O Globo*
Foto da quarta capa
Luiz Carlos Murauskas/Folha Imagem

CIP-Brasil. Catalogação-na-fonte.
Sindicato Nacional dos Editores de Livros, RJ.

P765p   Piza, Daniel, 1970-
           Paulo Francis : Brasil na cabeça / Daniel Piza. – Rio de
      Janeiro : Relume Dumará : Prefeitura, 2004
                                            – (Perfis do Rio ; v.40)

           Inclui bibliografia
           ISBN 85-7316-365-8

           1. Francis, Paulo, 1930-1997 – Biografia. 2. Jornalistas –
      Brasil – Biografia. I. Rio de Janeiro (RJ). Prefeitura. II. Título. III.
      Série.

04-1965   CDD 920.5
                                                            CDU 929FRANCIS, PAULO

Todos os direitos reservados. A reprodução não-autorizada desta publicação, por qualquer meio, seja ela total ou parcial, constitui violação da Lei nº 5.988.

Para meu irmão Sérgio,
primeiro parceiro de curiosidades.

Sumário

Apresentação 11

Nós que amávamos a Revolução 15

O país e o infinito 49

Manhattan por aí 79

Agradecimentos 115

Livros 117

"*Quando me encontro no calor da luta,*
Ostento aguda empunhadura à proa,
Mas o meu peito se desabotoa.
E se a sentença se anuncia bruta,
Mais que depressa a mão cega executa,
Pois que senão o coração perdoa."

(*Fado tropical*, Chico Buarque e Ruy Guerra)

Apresentação

A vida de Paulo Francis (1930-1997) se interliga com a história do Brasil de muitas formas. Como se sabe, nem sempre harmônicas – e por isso mesmo ela é tão interessante. Ele cresceu e amadureceu num Brasil que fazia grandes promessas a si mesmo e simultaneamente descobria a grandeza de suas mazelas. Viveu, como jornalista e intelectual, um período-chave da história brasileira: os agitados anos que antecedem o golpe militar de 1964 e os que se seguiram a ele até a decretação do AI-5 (dezembro de 1968) e a decisão de Francis de se expatriar para Nova York (junho de 1971) depois de ter sido preso quatro vezes em dois anos. E de lá continuou a pensar e respirar Brasil em boa parte do tempo, chegando a ensaiar sua volta.

Esse ziguezague coincide intensamente com o caminho de suas idéias e opiniões, do jovem politicamente alienado à polêmica celebridade da mídia, passando pelo profissional ex-trotskista profundamente mergulhado nos rumos do país e do mundo. Mas, mais uma vez, nem sempre harmonicamente. Algumas facetas fundamentais do correspondente internacional já estavam no garoto seminarista que cedo descobriu o mundo dos livros; e elas se alimentavam de uma angústia que ia além de sua ansiedade pelo país. A relação de amor e ódio de Francis com o Brasil era também a que tinha com a vida e suas inevitabilidades materiais.

Antes, durante e depois do regime militar, Francis mudou muito, no comportamento e no pensamento, mas mudou menos do que costumam pensar. Este livro tenta retratar esses três momentos da vida dele (o primeiro capítulo vai de 1960 a 1980, o segundo narra sua infância e juventude e o último examina seus últimos 17 anos) e pretende enfatizar seus pontos de contato. Não é um relato biográfico, até mesmo porque Francis deixou dois livros de memórias (*O afeto que se encerra* e *Trinta anos esta noite*) e falava bastante de si mesmo, até demais. É uma leitura recortada de sua cabeça e de suas reações aos ambientes. Que espero possa, um dia, ajudar a inspirar algum autor que apure todos os fatos e escute todas as pessoas que passaram pela vida de Francis.

Como o conheci e a ele devo, entre outros, o impulso para me tornar jornalista, faço aqui um esforço óbvio de distanciamento. Confio, porém, no fato de que os livros mais interessantes são aqueles em que se parte de um universo habitual e se tenta olhá-lo de outros ângulos, mais que o contrário. Quando descobri seu texto na minha adolescência, descobri um interlocutor para muitas das perguntas que eu me fazia ou ainda haveria de fazer; a energia e o desprendimento com que Francis comentava livros, peças, filmes e o teatro da política fizeram dele um jornalista único.

Este livro não deixa de ser um prolongamento desse diálogo, que felizmente se tornaria real nos últimos seis anos de vida de Francis. Mais que isso, no entanto, é uma tentativa de entender quais as condições que fizeram surgir uma personalidade que marcou de tal forma o

Brasil da segunda metade do século XX, lida e ouvida como foi até por quem só via seus defeitos, que não eram poucos. Qualquer indivíduo é fruto direto e indireto de sua época e lugar, por mais que se imagine dotado do poder de transcendê-la. E escreve em parte sua história, conscientemente ou não. Mas há sempre a possibilidade, para os outros, de ler suas entrelinhas.

Como Francis foi uma inspiração para a independência intelectual de duas gerações, este livro não poderia aspirar a outra atitude.

Nós que amávamos a Revolução

"Procuro ser bom jornalista, cumprir meu dever, ganhar a vida. É um triste destino para quem achava que podia fazer tanto pelo seu país."

(Paulo Francis, 1979)

O golpe militar de 1964, chamado por seus artífices de "Revolução", caiu com força sobre a cabeça de Paulo Francis. Entre outras expressões, Francis se referiu a ele como "trauma", "aborto", "flagelo" e "abismo". Quando soube da notícia, na madrugada de 1º de abril, se afundou em depressão e uísque. No dia anterior, como jornalista do *Última Hora*, publicação de Samuel Wainer que tinha Francis como um de seus principais colunistas ("Paulo Francis Informa e Comenta" saía todo dia na página 3 do jornal), telefonara a diversos militares e recebera supostas informações de que o presidente João Goulart, Jango, tinha condições de resistir ao *putsch* verde-oliva. Alguns dias depois, seus cabelos tinham embranquecido. Concretizada a tomada de poder, restou a Francis o sentimento de impotência.

Medo, também. Francis ficou preocupado com o chefe de polícia do governador Carlos Lacerda, o coronel

Gustavo Borges, a quem chamava de nazista. O *Última Hora* era adversário ferrenho de Lacerda, tendo batalhado verbalmente contra sua eleição para o governo da Guanabara em 1960. Assumidamente de esquerda, pró-Leonel Brizola (o cunhado *engagé* de Jango), Francis, com Wainer e outros, atacava Lacerda e este, ex-jornalista de mão cheia, respondia em seu jornal, o *Tribuna da Imprensa*. Era assim, panfletária e virulenta, a imprensa brasileira naquela época.

Francis, ex-trotskista de 33 anos, nascido em 2 de setembro de 1930, era então ardente defensor de um regime nacionalista popular; o "socialismo moreno" de Brizola, para ele, seria uma etapa taticamente importante para o Brasil caminhar rumo ao pós-capitalismo. Naquele 31 de março, seu artigo defendia a prisão do general Humberto de Alencar Castello Branco, que em seguida seria escolhido o primeiro presidente do governo militar. Francis já sentira o odor da articulação militar por debaixo do nariz de Jango.

Nem Gustavo Borges nem Castello Branco se incomodaram com Francis. Depois de uns dias escondido na casa da tia Lili, que o recebeu de bandeira do Brasil às costas, e também na *garçonnière* de um amigo em Ipanema, Francis se deu conta de que não era tão importante assim. Por extensão, se deu conta de que toda aquela sua geração que, desde 1955, vinha agitando o Brasil na arte e no pensamento, criando a ilusão de um futuro grandioso, não era tão importante assim. "Naqueles anos febris pré-1964 éramos felizes e não sabíamos", escreveu em *Trinta anos esta noite*, seu livro de memórias sobre o golpe. A ênfase é no "não sabíamos".

Ficou dois meses em São Paulo, esperando a calmaria, mas quando voltou teve de responder alguns inquéritos militares sobre eventuais colaborações com "*think tanks*" da esquerda como o Iseb (Instituto Superior de Estudos Brasileiros). Procurou emprego em jornais por três anos e não encontrou – os donos temiam a verve antigovernista de Francis. Foi trabalhar na editora Civilização Brasileira, cuidando de sua revista de ensaios, organizando coletâneas como *O livro de cabeceira do homem* e ajudando na publicação da biografia de Trotski por Isaac Deutscher.

Em 1967, porém, se tornou editor, ao lado do poeta, crítico de cinema e tradutor José Lino Grünewald, do "Quarto Caderno" do *Correio da Manhã*, suplemento dominical que entraria para a história do jornalismo cultural. E nas outras partes do jornal passou a escrever bastante sobre política, protegido pela dona da empresa, Niomar Moniz Bittencourt, e logo se tornou secretário de redação da principal publicação oposicionista do país. Mais tarde, Francis diria que nesse período de 1967-68 teve seu auge como polemista político.

O *Correio da Manhã*, antes contrário a Jango, aos poucos foi descobrindo a verdadeira natureza do novo regime. Francis vira Lacerda e, para espanto seu, Juscelino Kubitschek apoiarem o golpe e, um ano depois, serem cassados pelos militares – eles que provavelmente disputariam a presidência em 1965, com vitória provável, segundo Francis, de Lacerda. Ainda assim, até dezembro de 1968, quando o Ato Institucional nº 5 baixou a censura férrea e o *Correio da Manhã* foi fechado, Francis não teve grandes problemas com o governo.

Mesmo depois, com iniciativas como *O Pasquim*, o tablóide alternativo que em 1969 fundou com outros jornalistas e ilustradores sem emprego e que chegou a tirar 200 mil exemplares com entrevistas como a da atriz "libertária" Leila Diniz, Francis jamais chegou a acreditar em "resistência". Mas foi censurado diversas vezes, até em artigos sobre sua infância ou a música de Wagner, e preso em quatro ocasiões. Não foi torturado, nem sequer interrogado de forma veemente, exceto, numa das prisões, por um policial do Exército que brandiu fios elétricos soltando faíscas e não passou disso.

Na primeira prisão, na Vila Militar, ainda em 1968, Francis dividiu cela com Ferreira Gullar, o poeta e crítico de arte, que logo tratou de organizar minimamente os horários e a higiene dos companheiros de prisão. Nos primeiros dias, Francis se recusou a comer a gororoba do cárcere. Por isso e por sua fisionomia branquela e cabotina, ganhou o apelido de "Francis d'Orleans e Bragança". No quarto dia, já cobrava insolentemente a marmita, de calção, sem camisa, batendo com a caneca nas barras da cela.

Francis estava em Nova York quando o AI-5 foi decretado. Estava a caminho do aeroporto Kennedy quando soube. Chegou ao Rio e os policiais o esperavam. Ficou preso até janeiro.

No mesmo ano, depois de viajar durante dois meses pela Europa fazendo *freelances* para a revista *Realidade* (foi quando entrevistou o filósofo Bertrand Russell no interior da Inglaterra), veio a segunda prisão. Era suspeito de ter participado do seqüestro do embaixador americano Charles Elbrick (feito pela turma de Fernando Gabeira, Vladimir Palmeira e José Dirceu), o que dá uma demonstração da qualidade do serviço de inteligência militar. As outras duas prisões viriam em 1970, por motivos igualmente tortos.

Ao todo, foram 12 meses na cadeia, tempo que, claro, ocupara com leituras, mas cujo tédio o obrigou a tomar a decisão de deixar o Brasil. Jamais posou como vítima da ditadura. Uma vez perguntaram se tinha sido torturado: "Fui. O carcereiro passava o dia todo com o rádio tocando Wanderléa."

Sua maior dor era ver falir uma geração que, no espaço de uma década, tinha feito a Bossa Nova, a modernização dos jornais e revistas, o Cinema Novo, o teatro de autores nacionais e outros movimentos culturais com a intenção de forjar para o mundo um Brasil moderno, autosuficiente e original. Mesmo que não gostasse da arquitetura de Oscar Niemeyer (e julgasse um equívoco a retirada da capital do Rio) ou da música de Tom Jobim (um "fox assambalhado"), Francis sentia que, depois do suicídio de Getúlio Vargas em 1954, o Brasil vinha renascendo e ele era um dos parteiros. Como seu amigo Glauber Rocha, sonharia com o sertão virando mar.

Em 1971, pôs fim aos tempos de censura partindo para Nova York, onde já tinha morado mais de um ano (1954-55), e se tornando *freelancer*. Graças a Fernando Gasparian, da editora Paz e Terra, conseguiu uma bolsa de 15 meses da Fundação Ford, de US$ 500 (hoje equivaleriam a três vezes mais), e um apartamento para morar. Continuou escrevendo para *O Pasquim*, mas os problemas internos se refletiram no caixa. Seu sustento vinha também dos *frilas* para *Tribuna da Imprensa*, *Visão* e *Status*, entre outras publicações. Mas não era uma existência cômoda, nem material nem espiritualmente. Bebendo muito, "embalsamado em álcool", Francis passou anos difíceis em Nova York. Era um expatriado, não um exilado, costumava dizer; mas a dor de estar longe de seu país e de seu tempo era grande.

Em 1975 ele se casou com a jornalista Sonia Nolasco e, no mesmo ano, começou a colaborar com a *Folha de S. Paulo*, a convite de seu amigo Cláudio Abramo. Só assim começou a ficar pronto para "exorcizar os demônios" de 1964, o que viria na forma de dois romances: *Cabeça de papel*, de 1977, e *Cabeça de negro*, de 1979. E entrar numa nova fase da vida depois de *O afeto que se encerra*, sua autobiografia prematura, de 1980, e de certa forma sua declaração de maturidade – isto é, de seu relativo afastamento emocional em relação ao golpe sofrido. Que tenha escrito um livro de memórias aos 50 anos de idade soa típico de alguém ansioso por novo ciclo.

Entre a posse de Jango, depois da renúncia tresloucada de Jânio Quadros (em quem Francis não votara, tendo preferido o marechal "esclarecido" Lott), e a publicação de *O afeto que se encerra* (ano em que foi contratado pela TV Globo, de Roberto Marinho, que já alcunhara de "um homem chamado porcaria"), o pensamento de Francis sofreu transformações tremendas. Saiu da esquerda brizolista para uma desilusão apocalíptica. Olhando de hoje, parece uma linha descendente reta e gradual. Mesmo no auge de sua crença num socialismo tropical, porém, seu temperamento nunca foi estável. De certa forma, alternou até o final da vida, em 4 de fevereiro de 1997, momentos de surpreendente ingenuidade com os outros, mais freqüentes, de insatisfação feroz.

O certo é que o golpe militar o pegou numa alta: assim como tantos de sua geração, Francis acreditava que as condições estavam dadas para uma mudança radical do Brasil. Era como se seu pequeno contingente de colegas – jornalistas, artistas, intelectuais, políticos iluminados – pudesse, como os sovietes na Rússia pré-capitalista de 1917, saldar em pouco tempo sua dívida histórica com os excluídos, os marginalizados, os semi-escravos que o capital na mão das oligarquias e multinacionais produzia em escala. Não havia dúvida de que o Brasil urbano dos anos 50 vivia um momento especial. Mas havia muita inocência em seus participantes a respeito da extensão daquele momento. "Era um radicalismo de botequim, de gabinete", disse Francis vinte anos mais tarde. Intoxicados pela leitura de Marx, Lenin e Trotski, muitos partilhavam a sensação excitante – mais que a consciência militante – de ter nas mãos a rédea da história. E isso só fez aumentar o impacto do coice.

Mesmo tendo caminhado para a frustração aguda, tão aguda quanto havia sido a excitação, Francis não domou o assunto "golpe de 64" na cabeça nem mesmo trinta anos depois. Até a morte, acreditou em fatos que não correspondem exatamente à verdade, por mais próximo que tenha se sentido deles, numa ironia que ele mesmo apreciaria. Gostaria muito de estar vivo para ler a série de livros de seu amigo Elio Gaspari sobre a ditadura, *As ilusões armadas*, que mostram que o grau de planejamento dos militares era bem menor, até mesmo em torno de procedimentos tirânicos como a tortura, e que a capacidade de resistência das esquerdas partidárias ou guerrilheiras e da sociedade civil como um todo era igualmente bem menor.

"O 1964, nos seus primórdios, queria modernizar", escreveu Francis no livro de 1994. Na verdade, estava tentando reler o regime autoritário de acordo com suas novas posições políticas, engrossadas ao longo dos anos 80. Roberto Campos, que antes era "o maior torturador da nossa história", passara a ser "o maior estadista moderno do Brasil" – e sua participação na ditadura tinha de ser explicada de alguma forma. Por assim dizer, então, o Francis brizolista de 1962 e o Francis conservador de 1994 concordavam quanto a este aspecto: os militares tinham um plano capitalista. Mas o regime, diz Gaspari, subiu com alto grau de improviso, por medo do discurso socialista que começava a invadir as castas inferiores das forças armadas, e pelo mesmo caminho desceu. Havia o medo da anarquia, acima de tudo; não havia nenhum plano coerente em busca do capitalismo "globalizado", como se diz hoje.

Correntes internas – a mais moderada, de Castello, e a mais linha-dura, de Costa e Silva – de fato existiam na cúpula militar e disputavam o poder entre si. E de fato os primeiros cinco anos do ciclo autoritário optaram por uma política econômica que mesclava austeridade monetária com instrumentos desenvolvimentistas e abriram espaço para o surto de crescimento batizado de "milagre econômico" na primeira metade dos anos 70, nos governos Médici e Geisel. No entanto, estes se perderiam num novelo de endividamento faraônico, até porque continham a típica visão militar de uma república feita de cima para baixo, visão que era partilhada também por Castello. Com as crises internacionais do petróleo em 1973 e 79 e a política inflacionária e estatizante do período, o regime militar cavaria sua própria cova. Foi vítima de sua incompetência econômica e política, pela ordem. E isso porque havia subido ao poder numa reação ao que imaginava ser a instalação da desordem, não por um projeto modernizador. Além disso, os primeiros anos podem ter sido modernizadores para a macroeconomia, mas não o foram para a educação e a cultura. E isso custa.

De qualquer modo, a ascensão do regime militar também acentuaria conflitos interiores de Paulo Francis. Afinal, sua adesão à esquerda oficial representou um período curto em sua trajetória intelectual. Não durou mais que uma década, a rigor. Antes e depois, evidentemente, disse e redisse que "o fim do capitalismo é certo" – noção que sustentou até o início da década de 80. Mas a defesa da esquerda partidária, que começara ao apoiar Brizola, nunca foi sua praia. E já no final da década de 60 começou a sentir aquilo que formularia na personagem de Hugo Mann, a descrença na capacidade de organização dos movimentos socialistas numa era em que a classe média migrava para valores "americanos" como o consumismo. Numa viagem ao Meio-Oeste dos EUA em 1967, Francis não conseguiu evitar a perplexidade diante da riqueza da região – bem distante da pobreza que o chocara no Nordeste e Norte do Brasil em 1951-52.

O tom engajado de Francis durante o governo Jango jamais se repetiria. Já nos anos de *O Pasquim*, 1969-1975, dá para sentir claramente seu desinteresse pelos partidos de esquerda. Seu deboche era contra tudo e todos. Apesar da guerra do Vietnã, contra a qual sempre se colocou, o anticapitalismo daquele Francis convive com a repulsa a diversas fantasias até da chamada Nova Esquerda, aquela que passou a defender causas como o feminismo e o pacifismo ao se misturar com a contracultura – o que, para um fã de Trotski que sempre citava o sonho elitista de seu ídolo de converter cada cidadão num Goethe, era um choque.

Como se lê em seus livros *Paulo Francis nu e cru* (com o material que fez para o *Pasquim* já em Nova York) e *Nixon x McGovern – As duas Américas* (um ataque a Nixon, na verdade, de 1972), a superioridade econômica e militar dos EUA só deixava espaço para o desencantamento. A União Soviética, hoje extinta, nunca soou como alternativa para Francis: desde as denúncias de Kruschev contra os expurgos stalinistas em 1956, a ditadura e a pobreza da então segunda potência mundial eram um caminho pior. Na interpretação que Francis fez da Revolução Russa nesses primeiros anos de muita leitura nos EUA, Lenin e Trotski "impuseram uma ditadura num momento histórico difícil" (guerra civil, ameaça alemã, terrorismo interno) e a presumiam "passageira" – só que Stalin veio e a consolidou, condenando o país a perder a corrida do século contra os EUA. Como se vê, para Francis o fim do capitalismo era certo, mas não imediato.

Então como se explica sua adesão à esquerda brizolista no início dos anos 60? Segundo ele, de novo, era "tática". Aquela turma seria capaz de tirar o Brasil da esfera de poder dos EUA e abrir o país para atender a sua verdadeira vocação, a agrária. Sim, Francis naquela época não acreditava num Brasil industrial como o que JK favorecera. Com o fracasso de Jango, a quem criticava por não dar ouvidos ao cunhado, e da resistência ao regime militar americanófilo, o sonho logo se acabou.

Já com 38 anos no ano-símbolo da contracultura, 1968, Francis – que assim como seus amigos Millôr Fernandes e Ivan Lessa detestava a música dos festivais de TV – sentia pertencer a uma geração anterior, amadurecida no pós-guerra, que acreditava mais nas revoluções estruturais do que nas comportamentais, por assim dizer, e portanto estava derrotada. Daí o amargor catastrofista do Francis da década de 70, que passou a entender tanto de indústria bélica que via o cogumelo atômico a cada esquina. O fim do planeta precederia o fim do capitalismo.

Ao mesmo tempo, Francis sabia que seu engajamento no brizolismo não era muito coerente. Para um ex-trotskista que acreditava apenas em transformações sociais que se internacionalizassem, que mudassem a geopolítica mundial, o nacionalismo isolacionista da esquerda trabalhista não era nada lógico. Isso, de resto, terminou comprovado pela queda de Jango. Mais que espantado com a incompetência daqueles a quem apoiara, Francis ficou pasmo com sua própria ilusão sobre a situação, sobre o futuro do Brasil. Decretada a ditadura de fato a partir de 1968, Francis "soltou o bacalhau" no *Pasquim*, como gostava de dizer. O humor e a coloquialidade do texto, repleto de gírias, palavrões e citações nem sempre identificadas, lhe deram quase um novo estilo – o qual, apesar das mudanças ideológicas, persistiria até fevereiro de 1997. Um estilo nascido dos escombros políticos.

Em seu primeiro livro, *Opinião pessoal*, coletânea publicada em 1966 com 29 textos escritos desde 1958 e o subtítulo *Política e cultura*, é possível sentir o esforço de construir um corpo de idéias, mais ou menos sistemático, que ruiria pouco depois. A passagem de crítico de teatro para articulista político entre 1960 e 63 soa natural: "Há muito tempo eu percebera a subserviência à política dos meus campos de interesse", diz Francis no prefácio. E já no primeiro texto, "Tempos de Goulart", acusa o presidente deposto de ser um "caudilho populista" incapaz de "conviver com uma esquerda estrutural e ideológica". O objetivo janguista era "burguês antiimperialista", não socialista.

"O caminho mais viável das esquerdas", pontifica Francis um ano depois do golpe militar, "seria a constituição de um partido democrático capaz de harmonizar suas diversas tendências. Ou isto, ou a revolução. Esta, porém (...), não se fabrica, pois depende de um complexo de condições históricas." A primeira solução, a única viável a curto prazo, seria "aproveitar e desenvolver a vocação revolucionária de Leonel Brizola, em vez de segui-lo totalmente numa política de caudilhismo". Mas "de 1961 a 64 exercemos o nosso aprendizado de incompetência". E faltou doutrinamento das massas, feito de forma mais eficiente por oligarquistas e militares apoiados pelos EUA.

Que naquela conjuntura Francis acreditasse na "vocação revolucionária de Brizola" pode até ser compreendido, mas o tom dos artigos políticos do livro é o de alguém que ainda vive num Brasil de fantasia. Seis anos depois, em seu segundo livro, *Certezas da dúvida*, também coletânea, a ilusão se quebrara:

Entre 1955 e 64 houve um surto de intelectualismo no país que agora está agônico (...). Um grupo razoável de gente preocupou-se em descobrir as causas do nosso atraso como nação. (...) A atração pela política era irresistível ou, ao menos, foi no meu caso. (...) Foi bom ser jovem naquele tempo (...), tudo parecia viável. Tínhamos um exagerado senso da nossa própria importância, até num *métier* tão limitado como o teatro. (...) Tínhamos, na época, uma visão do nosso potencial e um entusiasmo que contagiou de candangos a intelectuais.

Ou seja, a solução viável do Brasil passou, em sua cabeça, de Brizola para JK – um presidente que a esquerda da época, como Francis, considerara "entreguista" por abrir o país a multinacionais.

*

Quem saiu ganhando com essa desilusão política vivida por Francis nos anos seguintes ao golpe de 64 foi o jornalismo brasileiro. Afora suas polêmicas políticas nos anos de 67 e 68 no *Correio da Manhã*, Francis era complementado por Grünewald no "Quarto Caderno" e este suplemento fez história ao combinar as resenhas críticas (teatro, cinema, literatura etc.) com artigos analíticos sobre o momento histórico (como a guerra do Vietnã), rompendo com o isolamento beletrista das seções de artes até então e introduzindo no Brasil pensadores como Marcuse, Walter Benjamin e Umberto Eco. O próprio Grünewald era um exemplo, pois em sua crítica de cinema comentava os filmes de Fellini, Godard e Bergman com uma densidade e um comprometimento raramente vistos. Francis também escrevia sobre cinema, além de TV, literatura e, claro, política.

Francis, no mesmo período, também tentou refazer um grande sucesso jornalístico, a revista *Senhor* (que co-editara no auge, 1959-63), ao dirigir a *Diners* durante um ano.

A *Senhor* tinha sido um dos bons momentos daqueles anos felizes pré-1964. O editor-chefe era Nahum Sirotsky; Francis, no início com ajuda de Ivan Lessa, cuidava dos textos de ficção estrangeira (Scott Fitzgerald, Dorothy Parker, J.D. Salinger, Nabokov) e dos artigos de cultura e comportamento (Otto Maria Carpeaux, Millôr Fernandes, Rubem Braga), dando títulos aos textos como ninguém; Carlos Scliar, com quem Francis tinha grandes tertúlias políticas (Scliar não partilhava de seu esquerdismo), era o editor de arte e fazia capas belíssimas, ao lado de Glauco Rodrigues, com ajuda de Bea Feitler (namorada de Francis por um período). A revista, mensal, ficou conhecida por ter publicado contos de Clarice Lispector e Guimarães Rosa, hoje clássicos, e histórias como *A morte e a morte de Quincas Berro d'Água*, a obra-prima de humor de Jorge Amado. Mas os textos jornalísticos, a começar pelos de Francis (como um perfil de Martin Luther King em sua visita ao Brasil), também eram ótimos. Entre os demais colaboradores, Ferreira Gullar e Alex Vianny. Mantida por dois empresários de enciclopédias, os irmãos Sergio e Simão Waissmann, a revista durou bem enquanto o dinheiro durou, como tanta iniciativa ligeiramente sofisticada no Brasil. Teve uma sobrevida editorial, popularizada, mas não digna de nota.

Como a *Senhor*, a *Diners* se inspirava em revistas americanas como a *Esquire*, mas tinha menos comportamento e literatura e mais política e reportagem, com jovens talentos como Flavio Macedo Soares, Alfredo Grieco, Telmo Martino e Ruy Castro, além de colaboradores como Millôr, Antonio Callado, Flávio Rangel e Drummond. Mas teve fim breve, por desentendimentos com o dono, Horacio Klabin, que instituíra o cartão de crédito no Brasil e na verdade estava atendendo a um capricho da mulher, Beki, pois não simpatizava muito com a tendência política da revista.

Em 1969, Francis co-fundaria *O Pasquim*, uma iniciativa do cartunista Jaguar e do cronista Tarso de Castro. Para lá iriam também Millôr, Ivan Lessa (que com Antonio Maria eram seus melhores amigos à época), Ziraldo, Henfil, Sérgio Augusto, Ruy Castro e todo um time de craques do jornalismo, do desenho e do humor. O que fazia interessante o tablóide era mais esse talento satírico que a crítica ao regime.

Francis não participou da famosa entrevista com Leila Diniz, mas esteve em outras quase tão célebres. A estratégia, em muitos casos, era dar um porre no entrevistado para que soltasse o verbo. O *Pasquim* foi inovador ao tirar a casaca do jornalismo da época, que usava português empolado e tratamento formal. Mas também exagerou ao levar o papo de botequim para a página impressa e abusar de palavras como "bicha"; na verdade, jamais conseguiu ir além do segmento "nanico" depois dos primeiros sucessos de tiragem. A novidade radical sempre se esgota rápido.

Também não se pode esquecer que no período 1964-70, antes do exílio dos artistas (Chico Buarque, Caetano Veloso, Gilberto Gil) e intelectuais (Fernando Henrique Cardoso, José Serra, Fernando Gabeira), a vida no Brasil continuava fervente. O convívio social, intelectual e artístico era intenso e ajudava a dar a sensação de que aquele grupo de pessoas realmente influía nas grandes decisões. Francis não só fez referências constantes ao universo dos bares e restaurantes onde essa elite – jornalistas, escritores, compositores, empresários, políticos e muitas mulheres bonitas – se encontrava durante a noite carioca, mas também o levou para seus romances, em que paqueras amorosas e debates politizados se misturavam no fogo alto dos uísques.

Na época do *Última Hora* (1959-64), por exemplo, ele saía do jornal à noite, passava em casa para tomar banho e fazer aquecimento alcoólico, ia jantar nos franceses de Copacabana e Ipanema (Château, Au Bon Gourmet, Le Bec Fin) e esticava para bares como o Jirau, onde Samuel Wainer tinha mesa cativa. Era uma época em que todo jornalista fumava e bebia muito. Francis também admirava as "mulheres maravilhosas" que apareciam nas festas que Samuel dava em sua casa na rua República do Peru. Numa delas, Jean-Paul Belmondo, o ator francês, se derreteu diante de Lúcia Flecha de Lima, mulher do embaixador Paulo Flecha de Lima.

Já na sua época brasileira de *Pasquim* (1969-71) Francis viu esse *glamour* se perdendo. Eles saíam da redação direto para o Flag, na rua Xavier de Silveira, onde não raro encontravam uma acompanhante. De lá iam para as casas de uns e outras, terminando a noite sempre com sexo. Drogas, principalmente a cocaína, rolavam à vontade. Algumas festas atravessavam o fim de semana. Numa delas, depois de cheirar e beber muito, Francis apagou. Acordou, dias depois, numa casa que não era a sua. Quem o recolheu, deu banho e pôs na cama foi o dramaturgo Dias Gomes, membro do Partido Comunista, amigo de Francis e um cavalheiro constante.

Outros bares que faziam a vida do Rio naquela época dourada para Francis, os anos 50 e 60, eram o Vermelhinho, dos intelectuais (de Sergio Buarque de Holanda a Nelson Rodrigues, de Otto Maria Carpeaux a Carlos Drummond de Andrade), e o Antonio's, preferido pela turma do jornalismo, como Millôr, e da música, como Tom Jobim. Todos, de milionários a pobres, andavam de bonde e não havia violência. O Rio de então, disse Francis, "era uma grande vila em que todos nos conhecíamos, de vista ao menos". E entre os habitantes dessa vila estavam outros grandes nomes do jornalismo e da literatura, como Rubem Braga (que chegou a morar no mesmo prédio de Francis em Ipanema, na Barão da Torre, mas que jamais o perdoou pelo ataque a Tonia Carrero), Otto Lara Resende (que definiu seu "jeito provocador, que espanca a própria fratura da sensibilidade"), Fernando Sabino, Carlos Castello Branco e Antonio Callado, um pouco mais velhos que Francis e influências em seu trabalho.

Nos anos entre o golpe de 64 e o AI-5 a politização e o experimentalismo tomaram conta de tudo. Francis admirou, por exemplo, *Barravento*, o primeiro longa-metragem de seu amigo Glauber, de 1961, e a ambição de *Deus e o diabo na terra do Sol*, de 1964, mas daí em diante começou a divergir dos rumos da arte nacional. Era amigo de Helio Oiticica, mas não viu graça em suas obras "participantes" como *Seja herói, seja bandido* e os parangolés. Não aplaudiu a montagem por Zé Celso de *O rei da vela*, de Oswald de Andrade, em São Paulo, 1968. Como não era fã de *rock* ou de qualquer música "comercial" pós-Elvis Presley, tampouco gostou de movimentos como o tropicalismo, que introduzia a guitarra elétrica na canção brasileira. Também detestava passeatas e manifestações.

O espírito de Francis, na verdade, não batia com o da contracultura. Dizia, por exemplo, que precisava de algumas doses de uísque para poder ouvir Bob Dylan (a preferida era *Lay, lady, lay*) e tirar algum prazer. E também achava que a geração seguinte à sua, a dos "*baby-*

boomers" (nascida depois da Segunda Guerra Mundial), estava levando a fama por algo que não tinha inventado. "Fomos, a minha geração, a vanguarda da permissividade", escreveu Francis em *O afeto que se encerra*. A geração seguinte, para ele, apenas se encarregou de fazer a propaganda dessa permissividade e levá-la para a juventude de classe média em geral, para a "turma do *milk-shake*". Essa "democratização" do liberacionismo, segundo Francis, foi péssima para tais formas de prazeres, porque alertaram as autoridades e multiplicaram problemas como a violência, já que até então o narcotráfico era uma pequena empreitada de importação, não o grande negócio dos morros de hoje.

Até certo ponto, porém, Francis fez parte do *Zeitgeist*. Basta examinar as mudanças sofridas por seu jornalismo a partir de 1960, quando deixara a crítica de teatro e ingressara na análise política, até o início dos anos 70, quando chegou a Nova York. Seu estilo, antes tenso, de dedo em riste, pregador de regras, foi se soltando, se tornando mais coloquial e personalista, e os temas da política podiam se misturar aos da cultura na mesma coluna, marcada por um mau humor de momentos muito engraçados.

Aquele modelo que mais tarde seria batizado de "Diário" (o "Diário da Corte" surgido na *Folha de S. Paulo* em 1977) já era visível no *Pasquim*, em que comentários sobre livros e filmes se misturavam com memórias de infância e artigos sobre a estrutura bélica americana, pontuados de frases de efeito e o mencionado tom apocalíptico, e faziam a delícia e a revolta dos leitores. Os menos alienados da "turma do *milk-shake*" o liam avidamente no auge da contracultura, identificando em Francis a mesma combinação de descompromisso ideológico e preocupação social que buscavam. Ler Francis no *Pas-*

quim era um hábito como fumar maconha no pátio da faculdade.

A Nova York que Francis encontrou em 1971 estava longe de ser uma vila acolhedora nos moldes do Rio. Era uma cidade vivendo momentos difíceis (criminalidade em alta, como mostrado por Martin Scorsese no filme *Taxi driver*) e nela Francis não conhecia e não era ninguém, o que praticamente exigia dele reconstruir a carreira. Não surpreende, portanto, que quatro anos depois tenha decidido fazer o que jamais cogitara até os 40 anos de idade: casar. E que tenha convencido Sonia Nolasco, que conhecera repórter do *Correio da Manhã* em 1968, a deixar Paris em 1975 – onde, aos 28 anos, era correspondente hiper-ativa de *O Globo* e vivia feliz (é muito mais francófila que Francis) – e ir morar com ele em Nova York. Certamente era melhor estar casado em Nova York, onde o mundo de solteiro carioca não podia ser repetido.

Não que o estilo do *Pasquim* fosse perdurar sem alterações. Aquele era um jornal independente, debochado, improvisado, feito apenas de notas, colunas, charges e entrevistas. Bom jornalista, Francis também sabia que, sem perder o estilo, era importante uma ligeira adaptação para o tipo de público que o estaria lendo. No material que escreveu, por exemplo, de Nova York para a editora Três, de 1972 a 1978, voltou a buscar uma escrita mais cursiva, mais analítica, embora obviamente sem a rigidez dos tempos pré-*Correio*.

No livro *Paulo Francis – Uma coletânea de seus melhores textos publicados*, de 1978, reuniu 25 desses textos sobre diversos assuntos (17 culturais e apenas oito políticos), escritos para as revistas *Status*, *História* e *Mais*, que lhe garantiram o sustento no período, ao lado da *Tribuna da Imprensa* e da *Visão*. Ali estão exames, descontraídos mas fundamentados, de revoluções históricas (chinesa, soviética e americana), ídolos intelectuais (Bertrand Russell, Freud) e temas diversos (Norman Mailer, Nova York, Katherine Graham, Anita Loos, romance policial). Mas também lembranças:

> Ser jovem, de classe média, no mínimo, não de todo burro, não aleijado, no Brasil entre 1955 e 64 era, na mais conservadora hipótese, estar num subúrbio próximo de Canaã. (...) Tudo parecia absurdamente possível. (...) Pagamos até hoje por pensarmos que o arcaico, o ressentido, o bárbaro, o cruel, o reacionário, nos entregariam a rapadura numa simples batalha cultural. (...) Não foi, em absoluto, um movimento de esquerda (...). Tinha de tudo. De comum, havia o espírito de aventura, o horror sagrado e bendito ao retrógrado, ao acadêmico, ao acomodado. Se é necessário achar uma caracterização política, eu diria que foi liberal, a *douceur de la vie* sob Juscelino Kubitschek. (...) Éramos burgueses e gloriosamente livres. (...) O Brasil velho nos tocaiava discretamente. É tão podre que nos imaginava muito mais poderosos do que éramos. (...) De 1964 a 68, enquanto o sarcófago não foi totalmente aparafusado, o movimento paradoxalmente se aguçou, chegando até, pela primeira vez, às ruas.

Nesse texto, "Os melhores anos de nossa vida", Francis elogia o "movimento liberal" daquele decênio pré-golpe por juntar os "fios da meada", isto é, por unir a preocupação política com a inquietude cultural, a discussão sobre a justiça social com a criação de novas linguagens artísticas e novos modos de vida. Mas não consegue esconder que a partir de 1961 a política começou a se sobrepor à cultura. Não só para ele, mas para muitos de sua geração, como seu grande amigo Mário Faustino, o poeta e crítico que morreria num acidente de avião no ano seguinte, a vida política brasileira passara a ser o principal objeto de debate.

"Até hoje me fascina a rapidez com que passei de crítico de teatro e cultura, em geral, a colunista diário, *engagé* e *enragé*", escreveu Francis no mesmo texto. E prosseguiu: "Mas como reagir em face do abominável Jânio Quadros, espocando clichês de moralidade de quitanda e artifícios de pai-de-santo?" Jânio, claro, era tudo que o "movimento" repudiava: moralista, populista, fisiológico, disfarçando em pompa verbal e gestos publicitários sua confusão mental, sua ambição desmedida, suas manobras políticas. Não parecia parte do "Brasil novo", otimista, experimental, informal. Mas, de qualquer modo, a população o aclamou nas urnas.

O fator determinante da politização daquela geração viria depois da renúncia de Jânio. Um movimento para impedir a ascensão de Jango, seu vice (era a dupla Jan-Jan, um arremedo político que parecia tão improvável quanto, 29 anos mais tarde, o de Fernando Collor com Itamar Franco, na primeira eleição presidencial depois do regime militar), foi sustado com apoio da imprensa, em especial a *Última Hora*. Os editoriais do jornal de Samuel Wainer, muitos dos quais escritos por Francis, fizeram defesa veemente da legalidade. Daí os conflitos posteriores entre Samuel e Francis: para Samuel, que não queria atiçar a já instável governabilidade do presidente, Francis exagerava na crítica a Jango e no elogio a Brizola.

No ano seguinte, um fato mundial reformularia ainda mais a equação. A querela de Kennedy e Kruschev em torno dos mísseis soviéticos na base de Guantánamo, em Cuba, marcou aquela geração. A iminência de um conflito nuclear, sugerida pela tensa negociação, fez reacender o debate sobre as opções do planeta entre capitalismo e socialismo, entre EUA e URSS. (Também seria, para historiadores do futuro, o impulso que faltava para a contracultura; no mesmo ano, os Beatles estouraram nas paradas com seu iê-iê-iê.) Francis e Faustino, por exemplo, deduziram que já era mais que hora de o Brasil se livrar definitivamente da esfera de influência americana e partir para um caminho próprio, híbrido (Francis nunca acreditou na utopia do Brasil como uma Cuba tamanho-família), nacionalista. Todo o fervor cultural dos anos anteriores sugeria essa possibilidade como viável.

Também em 1962 houve uma enorme feira de produtos americanos, como eletrodomésticos, e a população lotou o local. Samuel Wainer mostrou os números para Francis: 200 mil visitantes, naquele Rio de 3 milhões de habitantes. Era como se dissesse: "Está vendo, as 'massas' não querem socialismo." Francis ouviu. Deve ter pensado internamente: "Cabe a nós educá-las." Mais alguns anos e essa convicção desabaria.

O que Francis viveu nos anos 60, como jornalista e cidadão, o marcou profundamente. Entre *Senhor* e *Pasquim*, participou não apenas dessas duas experiências históricas para o jornalismo, além de trabalhar em dois dos jornais mais importantes do período (*Última Hora* e *Correio da Manhã*), mas também viu seu sonho de Brasil ruir. Não espanta que seu jornalismo tenha passado para uma clave tão pessoal que, nos anos de *Pasquim*, Francis já era uma espécie de personalidade pública, de figura folclórica, em torno da qual giravam paixões, repúdios e lendas. Os cartuns de Jaguar com sua caricatura, fumando e lendo numa vertigem só, reforçaram sua fama. As lendas incluíam a frase que teria dito no bar Jangadeiros, num final de tarde: "Intelectual não vai à praia, intelectual bebe."

Elitista e/ou culto, mordaz e/ou ofensivo, livre e/ou leviano, Francis era de "todos": não havia quem não tivesse uma opinião sobre ele.

Sua ida para Nova York o ajudou a se distanciar um pouco desse Rio que parecia ser tão seu e que agora estavam levando embora. Depois da adaptação e do casamento, reemergiu o Francis estudioso, cético, capaz de levar a política menos a sério. Antes, porém, era preciso fazer o enterro simbólico da sua geração: é significativo que tenha escrito dois livros de ficção e um de memórias no espaço de três anos, 1977-80 – livros que, confessou, não teria escrito sem o apoio da mulher, Sonia, e dos melhores amigos, principalmente Ênio Silveira, o editor da Civilização, e Ivan Lessa, que a partir de 1978, depois de seis anos no *Pasquim*, se radicaria de vez em Londres. Durante a década de 70 Francis, por assim dizer, desintoxicou a década de 60 de suas veias. Até onde possível.

Cabeça de papel traz o dilema do intelectual de esquerda segundo Francis, o mesmo dilema que viveu durante duas décadas: de um lado, há Paulo Hesse, o "leninista" que acredita que depois do capitalismo virá o socialismo e sua versão terrena do paraíso; do outro, Hugo Mann, o desencantado, para quem o pós-capitalismo será o território da barbárie, um inferno de conflitos primitivos. Leitores atentos perceberam que o caráter de Hesse é frouxo. Não por acaso, *Cabeça de negro* é a encenação da barbárie prevista por Mann, em que o Rio idílico dos anos 40-50 se vê enfim invadido pelos miseráveis, pela escumalha humana criada pelo sistema capitalista.

Ênio e Ivan, acredite-se, cortaram boa parte de *Cabeça de papel* para deixá-lo menos intelectual. Mas o livro se equilibra mal entre os debates de idéias, jorrados das bocas dos personagens num jato quase ininterrupto, e a seqüência narrativa, o encadeamento frágil de cenas que deveriam recriar aquele ambiente social do Rio. As influências de Thomas Mann (diálogos sobre as grandes questões intelectuais, como na *Montanha mágica*) e James Joyce (os monólogos interiores do narrador, "fluxos" entre consciência e inconsciente) não servem à narrativa, engolida pelo bate-boca digno de um articulista político dos jornais brasileiros da época.

Em *Cabeça de negro*, a narrativa é mais organizada; há mais descrição, menos verborragia, e o fecho lança mão até mesmo de recursos cinematográficos. Ainda assim, não se pode dizer que seja um romance que nos faça sentir na pele dos personagens, ou que os diálogos consigam ir além das dicotomias ideológicas. Como no romance anterior, e como no jornalismo de Francis, o que vale é a temperatura do texto, o registro a quente de opiniões, impressões, informações, percepções. O trauma de 1964, além disso, foi pouco examinado pela literatura brasileira, e o valor de testemunho geracional dos dois romances de Francis é evidente.

Francis botou fé em seus dois romances. Ser escritor, um Flaubert ou Tolstoi, era seu sonho desde os 14 anos. Mas a ficção que exorcizou a partir dos 47 anos tinha outra feição. Tinha, como reconheceu, mais a ver com as idéias. E das idéias de *Cabeça de papel* esperava que surgissem mais discussões entre os brasileiros pensantes – o que, com raras exceções como a de Alceu Amoroso Lima (que vislumbrou no romance uma "inequívoca nostalgia de Deus"), não ocorreu. De *Cabeça de negro*, menos intelectualizado, esperava sucesso popular – o que também não veio, apesar de a venda de 10 mil exemplares representar bom número em qualquer época. Seu maior consolo foi o ensaio sobre os dois *Cabeças* escrito por um crítico gaúcho, José Onofre, que viu em Hugo Mann um personagem simbólico do próprio intelectual brasileiro a tentar decifrar seu indecifrável país.

Francis pensava numa trilogia, e o terceiro romance provavelmente teria o título simples de *Cabeça* e seria sobre o ser humano neste mundo pós-utópico, neste limbo em que os ideólogos se perderam. Com tal ambição, não espanta que Francis não tenha conseguido escrevê-lo. Com *O afeto que se encerra* e as duas noveletas sobre as mulheres, *As filhas do Segundo Sexo* (uma visão controversa sobre o papel delas depois do feminismo, a qual mostra uma mulher intelectual assumindo o controle de sua vida sem precisar romper com a feminilidade), Francis, de qualquer forma, venceu um ciclo.

Ao longo dos anos 80, consolidaria uma nova posição – não só política, mas também existencial. Mais comportado, "careta", passou a curtir a vida como nunca antes. Retrospectivamente, é espantosa a esperança de Francis em relação àqueles dois romances. No plano subjetivo, porém, hoje está claro: seu grande sonho era enterrar o abatimento pós-64, a frustração de ilusões e desejos tão ambiciosos, que eram de sua geração e, especialmente, seus. A redenção não veio na forma sonhada, mas certamente o lançamento dos romances e das memórias funcionou como rito de passagem. Pouco a pouco, Hesse e Mann se tornaram fantasmas do passado. Ainda assustariam de vez em quando, mas novo ciclo de idéias tomou a mente de seu criador. O afeto pelo Brasil não se encerrou; assumiu outro desenho.

"Perdi muito tempo com política", disse em 1994. Sentia que podia ter dedicado boa parte desse tempo à sua formação cultural. Conhecia suas deficiências em música e pintura e queria poder viajar mais por cidadezinhas como as da Itália. A culpa não era só da história, ou História, que o levara ao mergulho na política nacional e internacional; era também de seu temperamento, ansioso por ver suas idéias se tornarem realidades, por harmonizar de uma vez por todas o mundo interior e o exterior. Mas aquele Rio que vivera tão intensamente, que parecia o lugar ideal para esse projeto, nunca mais seria o mesmo, como pressentiu. A busca desse tempo perdido, que ainda tentaria levar de novo para a ficção em 1989, desistindo depois das ressalvas da editora Companhia das Letras, era impraticável.

*

Francis viveu intensamente seu tempo, tornando-se até símbolo dele para muitos leitores, mas não lhe pertencia plenamente. Seu descompasso com a contracultura, por exemplo, não era apenas uma divergência estética ou fruto de sua aversão à propaganda daquilo que antes era "exclusivo" de um grupo; era também um desajuste cronológico e temperamental. Nascido nove anos antes da Segunda Guerra, Francis se tornou adulto na passagem dos anos 40 para os 50, ou seja, era membro de uma geração que se dividiu entre duas grandes referências intelectuais: Marx e Freud. Suas idéias, seus conceitos, oscilavam entre esses dois campos de pensamento, entre essas duas teorias – e o problema da contracultura era, para ele, fazer pouco das teorias.

Um dos papas intelectuais da contracultura, Herbert Marcuse, em *Eros e a civilização*, de 1955, tentou unir Marx e Freud. Segundo seus argumentos, Freud complementava Marx ao trazer para a dimensão individual a mesma "receita" de descontentamento diante da repressão: a sociedade que acumulava capital nas mãos de poucos ao explorar os trabalhadores era a mesma que exigia deles conter os instintos, abolir os desejos, seguir as regras. Um novo indivíduo, consciente da estrutura econômica e livre das amarras morais, estaria prestes a surgir. Francis achou o livro "besteira, mas bonita". Quem o conheceu pode imaginar o porquê. Embora levasse uma vida contracultural no Rio de sua juventude, sem compromissos fixos com as mulheres, bebendo e se drogando quase toda noite, Francis não era o tipo de pessoa que acha que isso é suficiente para mudar a ordem das coisas ou para eliminar suas frustrações. Sabia o quanto aquelas entregas eram reações às suas angústias interiores, mais que atos produtivos de liberação.

Não que tivesse novas idéias para oferecer. Ou que enxergasse claramente o que Freud dissera sobre os regimes socialistas – que tentam resolver os problemas da sociedade, mas não percebem que os problemas começam na própria natureza humana. Francis admirava o realismo de Freud, sua noção do indivíduo como um torvelinho de ansiedades, mas mesmo assim acreditou no socialismo como alternativa simples para transformar a sociedade, para criar um mundo em que não haja exploração do homem pelo homem. Marx lhe dava garantias de que o capitalismo iria acabar, mesmo que Freud lhe assegurasse a impossibilidade do paraíso terreno. Francis nunca formulou sua "práxis", como se dizia então – sua solução coerente para os males que via. Não era um pensador, era um comentarista.

Freud explicaria. Francis obviamente tinha aderido à esquerda socialista por uma reação passional – e os mais aparentemente racionalistas, muitas vezes, são os mais emotivos. Francis era emotivo, sim, a despeito de todo o distanciamento crítico de que era capaz. E seu engajamento emocional na ilusão de que o Brasil do início dos anos 60 fosse forjar uma nação grandiosa e única, bastando para isso certa organização partidária e intelectual, foi tal que a cacetada do regime militar atingiu não apenas sua existência profissional, mas também sua estabilidade psíquica. Essa auto-análise dolorosa duraria anos, até o expurgo ficcional-memorialístico do final da década de 70. Nos 30 anos do golpe, tentou mostrar serenidade com o livro *Trinta anos esta noite*, em que diz que já em 1975 enxergava com clareza seus erros políticos de juventude. Mas é certo que sua revisão do período embutia necessariamente sua revisão de si mesmo.

As noções de que "tudo parecia possível" ou "viável" se passariam, assim, para a pergunta: "Como me deixei iludir tanto?" Embora conclua que "o 1964 fez de mim, da minha geração, homens adultos", há no livro de 1994 uma sensação de desilusão consigo mesmo. Ao mesmo tempo, o afeto não se encerrou. É como se Francis dissesse que, naqueles anos 60, "pelo menos vivemos intensamente". Uma das pistas surge quando narra sua viagem a Paris aos 21 anos – viagem que antecede a de sua "descoberta do Brasil", na qual foi de Recife a Manaus com a companhia de teatro de Paschoal Carlos Magno – e comenta que leu e se comoveu com *O zero e o infinito* (1941), romance de Arthur Koestler. Como Francis, Koestler – de quem admirara muito *O iogue e o comissário*, seu livro de cabeceira na adolescência – não era um romancista natural, mas, ao contrário de seu admirador brasileiro, conseguiu escrever uma narrativa de idéias convincente e de grande sucesso.

O que comoveu Francis no livro foi o processo pelo qual, na União Soviética dos anos 30, o revolucionário Rubashov – misto de Trotski e Bukharin, segundo Francis – começou a escapar dos ditames da política partidária, que matava milhões em nome de dogmas, e passou a pensar "em si próprio, sem autocensura, sem o que a sua ideologia prescrevia". E acrescenta: "O camponês que lembra com saudades a era pré-revolucionária e o jovem torturado, *hare-lip*, vivem como nenhuma das personagens principais." No autocensurado Paulo Francis, no intelectual 24 horas Paulo Francis, havia sempre um jovem simples ansioso por viver livre de seu próprio superego, sensualmente – como quando, nos anos 80-90, comentava um filme como *Milou en mai*, de Louis Malle, pois "é assim que deveríamos ser", ou um balé de Balanchine, "que me livra das turras intelectuais".

A política nos primeiros anos da década de 60 sugeriu a Francis, na verdade, uma extensão da vida intensa e desreprimida que ele acreditava estar vivendo com sua geração. Era, por ironia, uma ilusão marcusiana: política e cultura unidas em torno do mesmo objetivo libertador. E uma ilusão "brasileira", detectável até em 1994 numa entrevista a Edney Silvestre, no jornal *O Globo*: "É a índole brasileira, uma índole hedonista. Talvez tenha sido um grande erro tentar a industrialização no Brasil. Para mim, que sou neto de alemães, seria intolerável, mas talvez o Brasil devesse ter seguido sua índole meridional, tropicalista."

A geração nascida nos anos 30, que amadureceu depois da Segunda Guerra e estava um pouco "velha" para a contracultura dos anos 60-70, sonhou com a passagem de Marx para Freud, ou melhor, de uma certa interpretação marxista – a que propunha o socialismo mesmo em países que Marx não diria prontos para ele, como a Rússia – para uma certa leitura de Freud, a que o imaginava ideólogo de uma revolução individual, de uma liberação imediata dos desejos inconscientes. Francis, que nunca assimilou esse Freud contracultural, logo abandonou também aquele Marx. Continuou a acreditar no fim do capitalismo por mais alguns anos, mas jamais passou a acreditar de verdade numa utopia individualista, sensorial, mesmo tendo vivido a farra do Rio dos anos 50-60.

Dos 30 aos 40 anos, Francis viu seu mundo cair, e não apenas um regime militar solapar uma democracia precária.

É simbólico que tenha levado para a *garçonnière* de seu amigo em Ipanema, naqueles dias de refúgio depois do golpe militar, um livro de Freud, *As três palestras introdutórias à psicanálise*. Freud passaria a ser sua principal referência intelectual depois do fiasco esquerdista de 1961-64. O outro livro que levou para o esconderijo (afora *Anna Karenina*, o clássico de Tostoi) era o *Diário* de Samuel Pepys, em quem veria o mesmo ceticismo de Freud, a mesma noção de que a natureza humana tem problemas que a política não pode resolver. Como Edmund Wilson, que defendia o "*jobbism*" (o realismo de que trabalhar com competência e honestidade é o melhor que um homem pode esperar fazer por si e por seus semelhantes), Pepys, genial ministro da marinha inglesa na segunda metade do século XVII, se tornou para Francis o modelo de ser humano que perseguiu depois de dizer adeus às ilusões esquerdistas. Mas Pepys, Freud e Wilson tinham temperamento diferente do de Francis: não sentiam tantas saudades de um tempo de diversão juvenil e jamais se deixaram seduzir por uma ideologia. Francis era bem menos seguro e oblíquo do que dizia ser.

Isso se refletia em seu jornalismo. Ainda que em *O afeto que se encerra* tenha chegado a afirmar que ao escrever ficava "frio como um pepino", nos últimos anos de vida reconheceu que, quando punha seus dedos pesados sobre o teclado, "a mão do diabo baixava sobre mim". Sua virulência, em outras palavras, vinha também da pressa de fazer um ataque antes de se arrepender dele. E era igualmente um estilo de época – de uma época anterior até à modernização da imprensa no final dos anos 50, normalmente situada na transformação do *Jornal do Brasil* e do *Diário Carioca*, que à maneira do jornalismo americano criaram regras técnicas (como o *lead*, parágrafo inicial que resume as principais informações da notícia) e renovaram a linguagem visual (dando mais respiros gráficos à página).

Apesar das tantas inovações que fez como autor e editor, o jornalismo de Francis tinha elementos de um tempo antigo, em que os debates de idéias eram marcados por um tom agressivo, desafiador, salpicado de xingamentos e humor irônico. Se não se tratava mais do tipo de insulto que Assis Chateaubriand, por exemplo, surgiu fazendo no jornalismo aos 14 anos, era ainda bastante ofensivo e adjetivado. Até mesmo no jornalismo de Nelson Rodrigues, apesar de seu estilo mais conversador (de cronista, não de crítico), é possível ver essa inclinação à mistura de argumentos e ataques.

Além disso, Francis dizia que ele, Carlos Lacerda e Hélio Fernandes eram os grandes polemistas do jornalismo brasileiro do período. Seu polemismo político nos anos 1962-64 e 1967-68 realmente era "de porretada seca", como ele mesmo definiu. Francis continuou a causar polêmicas até o final da vida, embora alternando-as com o tom de comentários e crônicas. E nelas estava claro que sua frustração emocional consigo e com o Brasil estava longe de aquietada.

Nesse sentido, a criação do "Diário da Corte" em 1977, sua coluna bissemanal na "Ilustrada" da *Folha de S. Paulo*, fez muito bem para a reinvenção do jornalismo de Francis depois da década política e da adaptação novaiorquina. A mistura de temas e o tom descontraído dos tempos de *Pasquim*, com uma dose a menos de apocalipse, ganharam também qualidade informativa, pois Francis comentava filmes, exposições e livros que, em boa parte, chegariam ao Brasil mais tarde, além de descrever suas caminhadas por Nova York e eleger seus restaurantes. O título "Diário da Corte" é curioso, porque significava que Francis ainda via o Brasil como país de manobra dos EUA, opinião que depois mudaria. Os inimigos passaram a dizer que Francis se tornou mais um súdito dos EUA.

Na soma, a coluna teve um papel restaurador para Francis, assim como os romances e as memórias serviriam como descarrego. Não deixa de ser curioso que, depois de *As filhas do segundo sexo* (1982) e até sua morte, ele não tenha escrito mais que dois livros, o pequeno *Brasil no mundo* (1985), em que se despede de vez da crença no fim do capitalismo, e as memórias sobre o golpe, *Trinta anos esta noite* (1994), em que examina suas ilusões do período. Sua energia estava toda concentrada em produzir o "Diário da Corte", que chegou a ocupar duas páginas inteiras por semana, e mais uma enormidade de artigos para as seções internacional e cultural.

Para os leitores do Francis do "Diário da Corte", nada poderia ser mais estranho do que aquele polemista brizolista dos anos pré-64. Exceto a ferocidade, que apenas atenuou com a maturidade, pouco restava em comum. O principal choque seria a descoberta de um Francis tão nacionalista. Um dos ingredientes do "Diário", claro, era o espancamento do Brasil, espancamento que não raro era admirado com pendor masoquista (o leitor nunca se inclui como alvo da crítica no atacado aos "brasileiros"). E o antiamericanismo daquele Francis do *Última Hora* soaria estranho.

Mas ele já soava estranho mesmo para o Francis anterior, o jovem que lia todas as revistas culturais nova-iorquinas – a ponto de usá-las como modelos para seu trabalho na *Senhor* – e também viveria mais de um ano na cidade americana. E mesmo para o Francis trotskista; afinal, trotskistas eram por definição internacionalistas. Já o Francis maduro sabia que, como tática ou não, aquela etapa hipernacionalista era um tiro no pé. Quando seu amigo Flavio Rangel, o dramaturgo e cronista, reclamou das primeiras aberturas da Petrobras a parceiros estrangeiros, numa visita em Nova York em 1975, Francis só conseguiu dar uma risada. No mesmo ano, fez outra viagem ao *midwest* americano e se espantou de novo com a riqueza que um Estado intervencionista apenas bloqueia.

Em seu jornalismo político do início dos anos 60 é evidente também que, apesar de ter lido Marx, e como reconheceria mais tarde, havia duas carências intelectuais: Francis tinha conhecimentos insuficientes de economia e da história do Brasil, os quais, ironicamente, avançaria nos EUA. Além das ilusões juvenis urbanas e do pós-trotskismo que o fazia ver a política em tudo, essas deficiências também levaram Francis a acreditar que o Brasil estivesse preparado e disposto para adotar um regime auto-suficiente, como se seus recursos naturais fossem o bastante para torná-lo independente de qualquer relação comercial e financeira com o mundo exterior. Um Estado forte, centralizado, social e fechado – era essa sua receita da época, o oposto da que defenderia vinte anos mais tarde.

A política, no entanto, continuou a ter lugar destacado em sua cabeça e sua coluna nos anos 80 e 90; raros não eram os textos que tratavam dela já na abertura. Não havia mais a credulidade esquerdista e nem mesmo a desilusão apocalíptica, mas o teatro da política brasileira continuou a ser seu principal objeto crítico. A justificativa "Mas como agir em face do abominável Jânio Quadros?" poderia ser repetida. Só que soando como prazer, e não dever. Fica claro para quem examina os quase quarenta anos de jornalismo de Francis, enfim, que a política, com seus canastrões e também com suas promessas, era o assunto com o qual acordava toda manhã e dormia toda noite.

O golpe militar de 1964 fez Francis, assim como muitos de sua geração, se tornar descrente da política, mas também o fez incapaz de pensar muito tempo em outra coisa que não a política.

O país e o infinito

"O livre-arbítrio é uma ilusão intoxicante."
(Paulo Francis, 1980)

Nem sempre foi dessa forma: a política, assim como o jornalismo, praticamente não existia na vida de Paulo Francis antes de agosto de 1954, quando seu pai o acordou com a notícia de que o presidente da República, Getúlio Vargas, tinha se suicidado. Francis se queixou de ser acordado, soltou um "E daí?" e voltou a dormir. Política brasileira não lhe interessava.

Aquele jovem prestes a completar 24 anos de idade não era um típico "burguês alienado", no jargão socialista, ou "filhinho de papai", no glossário adolescente, mas vivia como se fosse. Afora as leituras vespertinas (dizia ter lido seis horas por dia, todo dia, dos 14 aos 27 anos), não trabalhava e passava as noites em farras juvenis, indo ao cinema, paquerando, fumando etc. Não lhe passava pela cabeça se informar – e muito menos participar – dos atritos e maquiavelismos em que Getúlio, Carlos Lacerda e tantos mais estavam envolvidos naquele início dos anos 50. Embora não fosse mais criança nem adolescente,

Francis não tinha o menor interesse pelos fatos que estavam dando rumo ao país.

Sua infância não tinha sido a de uma criança comum da classe média brasileira, cheia de afetos e diversões. Nascido em Botafogo, na rua São Clemente ("perto da antiga embaixada americana" – ele mesmo gostava de ironizar), era neto de alemães. Era a cara de seu avô, Paul Heilborn, um alemão bem de vida que tinha chegado ao Brasil em 1889 para trabalhar em alto cargo na empresa Teodorville e morava numa casa na rua Toneleros, em Copacabana, onde aos domingos a família se juntava em torno do pão preto e da avó Alice. Paul, sério, frio, com leve sotaque germânico, marcou Francis ao dizer que a vida é "sacrifício, trabalho, realização", e não "vinho, mulheres e canções", como dissera o neto pré-adolescente. Paul morreu em 1946, de infarto.

O pai de Francis se chamava Adolpho (nascido antes de Hitler ser conhecido – aqui já não se tratava de ironizar), Adolpho Luiz Heilborn, e sua mãe, Irene Trannin Heilborn, descendente de franceses. Fred era o irmão mais velho, com esse nome porque Adolpho tinha vivido nos EUA e trabalhava na Esso. Francis, por compensação, foi batizado com nome germânico, Franz Paul Heilborn. O sobrenome Trannin não constou da certidão. Mas a presença do sangue francês não era coisa pequena: a vida de Franz ("Frantz" na pronúncia da casa, "Frans" na das ruas), criança, era sua mãe.

Adolpho, criado com superproteção por Alice, que havia perdido duas filhas recém-nascidas, era tímido e instável, o que fazia contraste com seu irmão mais novo, Paulo Filho, esportivo e boa-vida, leitor de *Esquire*, a quem o menino Franz admirava. Adolpho seguia a Ciência Cristã, seita fundada pela americana Mary Baker Eddy, uma precursora dos evangélicos que dizem que os males podem ser superados com pensamento positivo. Ganhava bem na Esso e sua família vivia com conforto burguês mais raro então do que hoje, mas, como a maioria dos pais daquela época, não participava muito da criação dos filhos. Irene, bonita de modo discreto, órfã, apaixonada por música, se dizia infeliz e paparicava Franz ao extremo. Uma babá, de mesmo nome que a mãe, também mimava o menino gorducho de olhos azuis e cabelos loiros e, segundo Francis, chegou a acariciá-lo intimamente.

O distanciamento em relação ao pai e a proximidade com a mãe eram as marcas da infância de Francis. Aos 7 anos, porém, ele, seu irmão e Fred entraram para o Colégio São Bento, internato beneditino em Paquetá e depois na Muda da Tijuca, de onde só saíam nos fins de semana. Os meninos vestiam uniforme azul-marinho com quepe, apanhavam dos padres com vara de marmelo e às vezes pagavam castigo de joelhos durante horas. Na mesma idade, Francis começou a usar óculos; tinha estrabismo, hipermetropia (que chegaria a onze graus quando adulto) e astigmatismo. Também, segundo sua própria mãe, tinha ficado "feinho", cabeçudo, quatro-olhos, desengonçado para o futebol e, por autodefesa, agressivo como um zagueiro grandalhão. Fred o ajudava a se proteger, dando dicas para evitar assédios que algumas crianças realizavam nas noites do internato.

Mas o São Bento não era só penitência. Os meninos praticavam esportes, iam à praia, comiam jabuticabas, ouviam histórias fabulosas. Franz adorou as missas em latim, se tornou ajudante aplicado daqueles padres alemães, orava todas as noites e passou a querer ser padre. Esse período de fé seria, como antes o amor da mãe, a memória central de sua infância, a inocência que começaria a perder aos 11 anos, quando a família se mudou para o Leme (quase fronteira com Copacabana) e Francis foi transferido para outro colégio interno, o Santo Inácio, este de jesuítas, rigorosos, distantes, "sutis manipuladores". O doce alemãozinho agora era um pré-adolescente briguento, claramente ressentido com o fato de ter sido afastado da mãe.

O pior ainda viria. Quando Francis tinha 13 anos, Irene engravidou de Paulo Gustavo. Tinha 39 anos e naquela época esse tipo de gravidez era de muito risco. Paulo Gustavo nasceu em 25 de agosto de 1944. Em 13 de setembro, 11 dias depois de Franz completar 14 anos, Irene morreu de eclâmpsia, septicemia e fraqueza. Seu filho predileto ficou catatônico. Mais tarde, atribuiria boa parte da culpa da morte da mãe à negligência do pai, que preferia esperar a "cura espiritual". Adolpho perdeu o rumo, se consolou na Ciência Cristã e passou os anos seguintes com tristezas e problemas financeiros. Só a partir do segundo casamento, com Lourdes, pouco tempo depois, é que estabilizou. Francis e Fred, após uma primeira reação de rejeição, passaram a respeitar a madrasta, mas o impacto da morte da mãe deixaria, claro, seqüelas profundas.

A infância dividida ao meio, encerrada de modo tão doloroso, traria suas conseqüências. Aos 14 anos, horrorizado com o inferno temível dos jesuítas do Santo Inácio, Francis leu *Crime e castigo*, de Dostoievski. O romance fez com Francis o que faz até hoje com todo adolescente de 14 anos que lê a história de Raskolnikov, a figura sinistra que, a golpe de machado, mata a dona da pensão onde vive e, no ato, é obrigado a matar também uma testemunha imprevista. A leitura de Nietzsche, outro lugar-comum da fase, viria reforçar essa nova visão da natureza humana como algo a ser domado pelo intelecto, pelo superego, capaz de reorganizar com o pensamento o mundo infeliz ao seu redor. Daí a arrogância dos proto-intelectuais, jovens que ainda não possuem informação e experiência suficientes para articular seu desgosto e já vivenciaram o bastante para ver que as coisas não são como pintadas na infância.

O que chama atenção em Francis é a duração desse ciclo. Enquanto concluía o colegial no Santo Inácio, sempre bom aluno, embora não fosse o melhor, alimentava sua acidez com muitas horas de leitura à tarde e outras tantas de farra à noite. Dos tempos de cinema no Roxy e Pirajá, aonde ia se divertir com os filmes de Errol Flynn, e da praia em Copacabana, popularizada pelos americanos durante a Segunda Guerra, passou para a juventude de brigas e bebidas. Seu inspirador era o amigo Marcello Aguinaga, colega do Santo Inácio, rapaz alto, forte e bem-sucedido com as mulheres. Aguinaga, que terminaria sendo expulso do colégio, levou Francis para sua primeira visita ao bordel. Ensinou-o a tomar pileque de *dry martini* seguido de cerveja e a usar éter como aditivo nasal. Iniciou-o na turma do Fernando, o delinqüente do posto 4. Nos fins de semana, o programa era levar as garotas dos teatros de revista para o sítio da família Aguinaga. Segundo Francis, também as "moças de família", sem exceção, já não cultuavam a virgindade naqueles anos 40.

A juventude de violência e sexo fáceis não mudara o temperamento de Francis; apenas descarregava e reabastecia sua agressividade. Ele entrou na Faculdade Nacional de Filosofia, mas mal ia às aulas. Preferia passar o dia lendo. De noite, as ruas e os bares. Francis não era obviamente o bom de briga e o preferido das mulheres, mas também não parecia interessado em trabalhar, constituir família, etc., ao menos não no curto prazo. Vivia, em suas próprias palavras, a "falência moral da burguesia".

Era apenas a contracultura em gestação. Como Francis, os jovens sentiam, naquele mundo pós-guerra, que as gerações de seus pais e avós se guiavam por um comodismo, machismo e pseudopuritanismo que eram comprovadamente fracassados. Em seus próprios pais Francis viu a expressão de um casamento sem afeto e sem rumo, em que os filhos ocupavam uma ordem inferior. Diante de tal ruína, em seu caso tão aguçada pela entrada no internato e pela perda da mãe, a palavra de desordem era "badernar". Ia-se à farra e à forra.

*

Em sua casa, Francis vivera também a passagem de uma mentalidade européia para uma americana, assim como o século XX vivia. E uma passagem especialmente abrupta para ele: do avô, Paul, alemão, que era contra Hitler mas não queria ver a derrocada alemã na Segunda Guerra, para o pai, Adolpho, americanizado até por profissão, que comemorou a entrada dos EUA na guerra, Francis sentiu a transformação do mundo e do Brasil.

A partir de 1944, ele descobriu o grande romance europeu – os clássicos franceses como Balzac e Flaubert, os ingleses como Dickens e George Eliot, além de Dostoievski e os outros russos – e o teatro e a poesia de Sófocles e Shakespeare. Depois seria a vez dos grandes autores modernos, James Joyce, Thomas Mann, D.H. Lawrence, W.B. Yeats e ainda os menos apreciados Kafka e Conrad, todos os quais demonstrariam aquela mesma falência moral da burguesia e a entrada no Novo Mundo do imediatismo e da dispersão. Os americanos viriam em seguida; o preferido logo seria T.S. Eliot, cujo poema mais famoso, *The Waste Land*, traria o mesmo atestado de óbito da civilização européia. Francis "cometia Eliots", confessaria depois, envergonhado. Não guardou esses poemas juvenis.

Nessa primeira fase de formação autodidata, o jovem Werther chamado Franz Paul pouco queria saber dos brasileiros. Leu Machado de Assis (achou o *Memorial de Aires* o mais bem escrito), Euclides da Cunha (mais tarde chamaria *Os sertões* de "o maior livro já escrito no Brasil"), Drummond (seu poeta brasileiro predileto), mas não era sua ocupação principal. Nunca seria grande conhecedor da literatura brasileira, para ele quase toda amarrada ao regionalismo social, inclusive a de Graciliano Ramos.

A segunda fase foi a da chegada dos romancistas americanos e dos críticos profissionais, na virada dos anos 40 para os 50. Foi então que passou a ser leitor de revistas como *New Yorker*, *Esquire* e *Partisan Review*. E se encantou com alguns autores que, embora não soubesse ainda, fariam dele o jornalista que só se tornaria a partir de 1957, aos 27 anos.

Na ficção, por exemplo, descobriu a dupla quase oposta Francis Scott Fitzgerald e Ernest Hemingway, que haviam vivido nos anos 20 o que Francis de certo modo – *mutatis mutandis* – vivera no Rio nos anos 40-50, uma dissolução geracional em uísque e cocaína. Francis admirou inicialmente a literatura "muscular" de Hemingway, mas seu espírito estava mais próximo de Fitzgerald, que nos anos 30 publicara na *Esquire* seu *The Crack-up*, relato da crise depressiva e criativa em que o autor de *Suave é a noite* se metera. As noites suaves do Rio tampouco escondiam a amargura de Francis. Mais tarde, nos anos 90, voltaria a Hemingway e diria que "mudou a maneira como vemos o mundo, como Picasso".

Outro romance que o marcou nessa época foi *Contraponto*, de Aldous Huxley, cujo protagonista Philip

Quarles fascinou Francis por sua visão ácida da humanidade e sua capacidade de articular essa acidez em pensamento. Francis leu todos os outros livros de Huxley e começou a imitar seu semblante entediado, a pose de intelectual que olha o mundo de esguelha e por cima. Tinha o mesmo gosto do autor pela erudição e por drogas.

Mas quem determinaria seu destino seriam os críticos. A maior paixão intelectual de Francis, em toda a vida, foi por George Bernard Shaw (1856-1950). O brilhante crítico cultural e dramaturgo irlandês falou alto ao adolescente em ebulição mental, que tinha lido Dostoievski e Nietzsche e buscava um discurso mais atualizado sobre os dramas do século XX. Shaw era ao mesmo tempo um socialista (heterodoxo) e um elitista (não esnobe) e, na visão futura de Francis, sabia falar a um público amplo sem abrir mão de seus altos critérios intelectuais. Nesse aspecto, seria a grande influência estilística de Francis, que tentaria o mesmo efeito – como se o texto fosse um acontecimento, uma *performance* que deixa marcas no leitor – embora Shaw tivesse uma escrita mais argumentativa.

A maior coloquialidade e mundanidade de Francis seriam influência de outra leitura de sua juventude, o crítico teatral americano George Jean Nathan (1882-1958), que escreveu pioneiramente sobre autores posteriormente clássicos como Tennessee Williams e Eugene O'Neill. Nathan escrevia como quem conversava, e a sua era uma conversa cheia de malícia e desprendimento, com toques de impressionismo; ele não se furtava a comentar, por exemplo, que uma determinada roupa não caía bem numa determinada atriz. Era o crítico antiprofessoral por excelência; ao mesmo tempo, era severo, rigoroso, e não escondia certo prazer em desancar uma produção.

No Brasil costuma-se pensar que Francis era herdeiro

do grande amigo e parceiro de Nathan, H.L. Mencken, de quem fez apresentação na orelha do *Livro dos insultos*, traduzido por Ruy Castro em 1988. O próprio Francis o chamou, em outra ocasião, de "o Bernard Shaw americano". Mas, mais uma vez, Mencken, filho de alemão, parecia um pouco sério demais para o carioca Franz Paul. Ele dizia textualmente preferir Nathan a Mencken.

Já as opiniões literárias de Francis seriam muito influenciadas por um admirador de Mencken, Edmund Wilson (1895-1972), outro crítico americano que na *New Yorker* dos anos 50 era a grande estrela do jornalismo cultural, respeitado por sua capacidade de escrever sobre a literatura internacional – sobre Joyce, Proust e Yeats, por exemplo, em *O castelo de Axel* – com a mesma desenvoltura com que escrevia sobre os autores locais. Francis chegava a repetir literalmente, sem dar o devido crédito, julgamentos de Wilson como o de que a literatura de Joseph Conrad "parece tradução de polonês". Suas discordâncias literárias eram poucas; Francis, por exemplo, adorava ler literatura policial (Raymond Chandler, Agatha Christie, Georges Simenon), Wilson detestava.

Na opinião política, porém, o Francis trotskista não podia concordar com a visão cética de Wilson, que escreveu brilhantemente sobre os movimentos históricos de esquerda em *Rumo à estação Finlândia*. Wilson era um liberal no sentido anglo-saxônico, um intelectual simpático às mudanças, crítico da humanidade, mas contrário a grandes reengenharias, revoluções, trocas de sistema. Só na maturidade, nos anos 80, Francis elogiaria essa mentalidade antiutópica de Wilson.

As opiniões políticas de outro autor preferido, George Orwell (1903-1950), estavam mais próximas daquilo que Francis defenderia no início de sua carreira jornalística. Francis gostava menos do Orwell romancista, autor de

A revolução dos bichos e *1984*, que do Orwell ensaísta, autor de textos que misturavam memória pessoal e análise literária e, ao fim, sempre terminavam comentando a política. Até mesmo quando escrevia sobre Jonathan Swift, por exemplo, Orwell via em sua ficção os traços de seu conservadorismo político. Embora se dissesse trotskista até os 30 anos, Francis nunca simpatizou com revoluções – pois sempre acabam convertendo a mudança necessária em dogma novo, uma ironia que Freud gostaria de explicar. A visão de Orwell, de um socialismo conquistado por vias eleitorais, uma espécie de social-democracia aprofundada, o atraiu. Que tenha imaginado que o "Grupo dos Onze" de Brizola pudesse encarná-la é outra questão.

Além de Shaw, Orwell, Nathan e Wilson, outros críticos anglo-americanos – como Kenneth Tynan, Philip Rahv, Lionel Trilling, Eric Bentley, Dwight MacDonald – faziam sua cabeça. Sua leitura predileta na virada dos anos 40 para os 50 era a *Partisan Review*, que ia buscar na livraria Kosmos, no Centro, ou lhe era entregue por um "importador" (contrabandista, segundo Francis). A revista começara como órgão do Partido Comunista americano nos anos 30, mas depois se converteria ao trotskismo na política e ao modernismo na literatura. (Mais tarde, graças a Trilling, passaria para o liberalismo.) Mas o jovem Francis não admirava apenas o radicalismo político daqueles intelectuais judeus dos EUA; gostava também de ler ali a contribuição de cabeças européias então em surgimento como Hannah Arendt, além de Orwell e Koestler.

Segundo Francis, a revista o ensinou a "torcer o nariz para tudo que fosse *pop* ou, pior, *middlebrow*, ou seja, coisa de classe média". O conceito tinha sido cunhado na própria *Partisan* em artigo célebre de McDonald, cujo estilo Francis disse, quase se autodefinindo, "de centroavante". As pessoas se dividiriam em *lowbrow* (as ignorantes, que não querem saber de nada que cheire a cultura e bom gosto), *middlebrow* (as semicultas, que têm algum senso estético mas não vão a fundo em nada, principalmente em temas "sérios" como literatura e filosofia) e *highbrow* (as donas da "alta cultura", que com esforço levavam algum cinema a sério, mas não queriam saber de nada que fosse popular ou *pop*).

Francis, claro, era *highbrow* desde a maçã matinal até o uísque noturno. Não se interessava por assuntos populares como futebol, telenovela, samba. Apesar de pertencer à geração mais cinéfila que já existiu, não dava muito crédito nem mesmo para a *nouvelle vague* e só abria exceção a Ingmar Bergman, a filmes de seu universo intelectual como *A malvada* (*All about Eve*) e os filmes de Elia Kazan com Marlon Brando (*Sindicato de ladrões*) e aos clássicos de Hollywood que tinha visto na infância (além de Michael Curtiz, *E o vento levou* e *King Kong*) e, portanto, pertenciam antes ao campo de suas memórias afetivas, tal qual alguns filmes europeus de sua adolescência como os sensuais *A adúltera* e *O diabo no corpo*. Na literatura, a mesma coisa: gostava dos romanções europeus do século XIX e dos catataus modernistas de Mann e Joyce (que dizia ser sua grande influência na ficção, embora sua ficção não fizesse tanto uso do fragmentário), e se lia literatura policial também o justificava pela afetuosidade, como passatempo de classe.

Mais tarde, romperia com esse excessivo desprezo por tudo que não era *highbrow* e daria mais crédito intelectual para suas escolhas afetivas – o que, na verdade, era o sabor maior de suas crônicas de Nova York, ao lado de suas diatribes contra os políticos nacionais, assunto que nos anos 50 também não o interessava muito.

Seu gosto pelas letras americanas ganharia reforço no período em que passou em Nova York entre 1954 e 1955. Francis foi para os EUA a pretexto de estudar literatura dramática com Bentley na Universidade Columbia. "Bentley propunha o que eu queria, um teatro que pensasse, que não fosse apenas de bugios emocionais", escreveu em *O afeto que se encerra*. Francis começara a sonhar com um teatro como o de Bernard Shaw, digamos, intelectualizado e politizado.

Isso, porém, só pode ser explicado pelo que lhe aconteceu alguns anos antes. Desinteressado da faculdade e entediado também das farras, Francis foi a Paris em 1951, como presente pela maioridade. Viu uma cidade em clima ainda soturno de pós-guerra, conheceu seus bordéis e museus e, além de ler Koestler, se sentiu perdido sobre o que fazer da vida. Na volta, seu pai, também cansado de ver o filho sem estudar e trabalhar, o indicou para um emprego nos escritórios da PanAir, então a mais famosa empresa aérea do mundo. O trabalho, burocrático, não raro invadia a madrugada, o salário era baixo, a hierarquia era nítida – e Francis não demorou a pedir demissão.

Mas a vida noturna do Rio não-burocrático lhe mostraria um caminho. No Café Bonfim, em Copacabana, conheceu Brutus Pedreira, um encenador e tradutor teatral, homem culto e conhecido, que vivera em Londres no auge do "acting" britânico (John Gielgud, Laurence Olivier etc.). Brutus apresentou Francis à poesia de Verlaine e Rimbaud – e o apresentou a Paschoal Carlos Magno, um crítico e produtor de teatro que formara um grupo, o Teatro dos Estudantes (TE). Francis leu que o TE ia montar tragédias gregas e excursionar pelo Nordeste e Norte do país durante três meses. Chamou Aguinaga e ele topou; a idéia de ficar três meses longe da família num lugar e *métier* desconhecidos era atraente para a dupla. Paschoal os acolheu, provavelmente de olho em Aguinaga, segundo Francis.

Francis teve vários anos de virada na vida: 1937, quando foi para o internato; 1944, quando sua mãe morreu; 1964, quando o golpe militar e o "Brasil velho" caíram em sua cabeça; 1971, quando se mudou para Nova York. E assim por diante, numa média bíblica de sete anos de intervalo entre uma e outra. O ano de 1951 foi um desses. Para ter uma idéia de seu significado, basta dizer que foi o ano em que Franz Paul passou a se chamar Paulo Francis. O batismo foi de Paschoal, preocupado em ter um ator com um nome mais *middlebrow* e brasileiro para apresentar na excursão. Francis (como a maioria das pessoas o chamava; raros eram os amigos que o tratavam por Paulo) não gostou do novo nome a princípio – soou como "nome de ator de teatro de revista" –, mas pegou e combinou.

Ali nasceu o Paulo Francis que o Brasil inteiro conheceria. Franz virou Francis em todos os sentidos: ele se soltou um pouco, achou seu meio, abandonou parte daquele jeito fechado de estranho semi-europeu no ninho tropical. E, em suas próprias palavras, em meio a essa "suruba emocional" que o teatro representou, descobriu "o Brasil".

*

Para quem vivia na "ilha" urbana e algo cosmopolita que ia do Flamengo a Ipanema (na época ainda emergente), naquele Rio que Francis diria "fidalgo" pré-1964, ir para o Nordeste foi um choque na sensibilidade social. Isso é difícil de entender para quem já cresceu nas grandes cidades brasileiras de hoje, violentas, com suas avenidas e esquinas povoadas de mendigos e meninos de rua, com seus centros históricos degradados e ameaçadores, com seus seqüestros relâmpagos e suas balas perdidas. Não à toa esse seria o cenário urbano dos romances de Francis no final dos anos 70, em que "prevê" um futuro mais e mais caótico, a "guerra civil não declarada" que hoje todo o mundo sabe existir no Rio, em São Paulo, no Recife.

O fato é que aquele literato neto de alemães, como a maioria de seus amigos e colegas, desconhecia o chamado "Brasil profundo". À maneira de Euclides da Cunha no final do século XIX, descobrindo a força e o atraso dos sertões – aonde chegou como apólogo do positivismo militar e do qual partiu como advogado da resistência sertaneja –, Francis fez a viagem de transformação que muitos outros intelectuais e artistas brasileiros haviam feito ou fariam. De Gonçalves Dias a Walter Salles Jr.

O vôo levou 18 horas até Belém e mais seis horas até Manaus. Dali começou o périplo pelas capitais: além de Manaus e Belém, Fortaleza, Natal, João Pessoa, Teresina, São Luís e Recife. Francis sentiu ali desolação, isolamento cultural, passividade, subserviência – os produtos, enfim, de uma injustiça social de séculos, reforçada pelo clima. As mulheres se ofereciam, os homens bajulavam, e o grupo teatral bebia, bebia. Francis chegou a discursar de uma sacada, numa festa em Manaus, contra a opressão do povo. Bêbado, claro. As frutas, as paisagens, a beleza das moças de Fortaleza e da arquitetura de São Luís, nada disso aliviou o impacto. Francis jamais poria os pés de novo na região. E a partir dali, com aquele outro Brasil na cabeça, passou a ler tudo de e sobre Karl Marx – que começaria com *O Dezoito Brumário de Napoleão Bonaparte* – e sobre a revolução soviética, na qual logo simpatizaria mais com Trotski do que com Lenin e Stalin. Ou seja, sua opção pela esquerda foi fruto direto de sua descoberta decepcionante do Brasil pobre e inerte.

Como ator, Francis era um tanto canastrão – não conseguia representar outra personalidade além da sua própria. Sabia o que dizia, tinha aquela voz ribombante e chegou a ganhar um prêmio como ator revelação da crítica do Rio em 1952, mas certamente não nascera para aquilo. Durante a excursão pelo Norte e Nordeste, foi frei Lourenço em *Romeu e Julieta*, de Shakespeare, Ulisses em *Hécuba*, de Sófocles, e Engstrand em *Espectros*, de Ibsen. As montagens fizeram sucesso, mas a precariedade da produção era grande. O avião, da FAB, era cortesia de Getúlio Vargas para Paschoal. No vôo de volta, Francis, que já tinha lido Shaw e Nathan, foi ao diretor da companhia e criticou o amadorismo dos espetáculos. Paschoal concordou, mas disse que esse era o preço a pagar por viver no Brasil; aproveitou e sugeriu a Francis que se tornasse crítico ou professor.

De volta ao Rio, depois de comprar um apartamento em Copacabana com seu irmão Fred (que morreria num acidente de avião da Cruzeiro do Sul em 1962), Francis foi tentar, primeiro, ser diretor de teatro. Dirigiu seis peças e apenas uma obteve sucesso de crítica e público, a de *Pedro Mico*, de Antonio Callado, com Milton Gonçalves no papel principal. Mas talvez não fosse também da índole de Francis lidar com as vaidades dos atores e liderá-los. Foi nesse período que, improvisado como bilheteiro de um grupo de teatro amador, o Studio 53, conheceu Ivan Lessa, ator e cantor amador (de muito mais potencial) que também decidiria dedicar seu talento ao jornalismo e seria um dos melhores amigos de Francis até o final da vida. Idem, Millôr Fernandes, que já tinha 30 anos e era famoso como o criador de Vão Gogo na revista *Cruzeiro*, desenhista, tradutor e dramaturgo, que dali a pouco desbravaria Ipanema. Feliz era o Rio onde esse trio convivia e escrevia.

Fracassado como ator e diretor, Francis decidiu, no final de 1954, ir para os EUA fazer o curso de Eric Bentley; nas horas vagas, se aprofundava em Marx, Trotski e a Revolução Russa. E de lá voltou no final do ano seguinte, sem ter concluído o curso (o próprio Bentley lhe disse que nada tinha a acrescentar), disposto a se engajar na luta de um teatro pensante que ajudasse a transformar a realidade brasileira.

O Rio pós-getulista que encontrou na volta estava em ebulição cultural. Em grande parte, porque havia a sensação de muito por fazer. Numa noite no bar Gôndola, o bar da gente do teatro em Copacabana, viu dois amigos seus, Francisco Pereira da Silva e João Augusto, críticos de teatro respectivamente do *Diário Carioca* e da *Tribuna da Imprensa*, dois dos jornais mais dinâmicos da época, fazendo festa para o elenco do Teatro Brasileiro de Comédia, o TBC, depois de uma apresentação da peça *Volpone*, de Ben Jonson, com Walmor Chagas de protagonista. Na direção, estava o polonês Ziembinski, grande introdutor no Brasil da encenação moderna com sua montagem de *O vestido de noiva*, de Nelson Rodrigues, em 1943. Francis achou equivocada a montagem de *Volpone*. Para seu espanto, Pereira da Silva e João Augusto também. Mas então por que não disseram e, sobretudo, escreveram isso?

Naquele momento Francis, o jornalista-crítico-polemista, nasceu. "Não era minha vocação", jurou em sua autobiografia – negativa da qual se depreende que sua vocação seria mesmo a de ser dramaturgo. (Chegou a esboçar uma peça sua, *Os farrapos*, sobre o movimento das Farroupilhas no Sul, o único realmente burguês moderno em sua opinião. Nunca terminou. Fez um "pacto" com os dois colegas – o de passarem a dizer exatamente o que achassem de uma montagem – e "trocou de lado". Foi acolhido por Hélio Fernandes, irmão de seu amigo Millôr ("uma ilha cercada de conformismo por todos os lados"), na *Revista da Semana*, uma revista ilustrada de projeção mediana. Francis já tinha escrito para jornais nos anos anteriores, mas anonimamente, por diletantismo. Agora era profissional e assinava. Foi outro ano de virada, 1957.

Francis tinha todas as condições para se tornar um bom crítico. Tinha um texto claro e vivo. Tinha lido as melhores peças e os melhores críticos e estudado com Bentley. Tinha trabalhado como ator e diretor, aprendido o lado técnico da arte. E, por último mas não em último, tinha visto algumas montagens de qualidade no Rio, principalmente as do grupo Os Comediantes, de Brutus Pedreira, para peças de Ibsen, O'Neill e Nelson Rodrigues (como *Dorotéia*, favorita de Francis), além de montagens da "velha guarda" como as de Shaw e Noël Coward com a grande dama do teatro da época, Dulcina de Morais. Mas, afora os filmes de Shakespeare com Laurence Olivier (*Henrique V* em destaque), o grande evento do jovem espectador Franz ocorreu em 1947, quando viu o *Hamlet* montado no Rio pela Comédie Française, de Jean Louis Barrault, o grande nome do teatro francês no pós-guerra. "Pela primeira vez vi *ensemble* totalmente profissional", escreveu Francis. *O Jardim das cerejeiras*, de Tchecov, foi outra encenação de Barrault que o marcou e o faria escrever a frase famosa "Tchecov não é o pai de Greta Garbo", num texto em que critica as montagens de Tchecov depressivas, sem humor, lentas.

Depois de Ziembinski e Barrault nos anos 40, não apenas Francis mudou: todo o teatro brasileiro se abriu à modernidade, a um tipo de interpretação – de ator e diretor – que não era mais aquela subserviente ao texto, empolada na fala, convencional no cenário, previsível no *timing*. Até então, por exemplo, o ator brasileiro achava que o correto era utilizar o sotaque português, de consoantes forçadas.

A *glasnost* veio na forma de companhias, com novos atores brasileiros, e não só no Rio. Em São Paulo se formara em 1948 o TBC, empresariado por Franco Zampari, que só queria saber de diretores estrangeiros (além de Ziembinski, Adolfo Celi e Luciano Salce), mas criou um patamar inédito de profissionalismo e, assim como o Teatro Cacilda Becker e o Teatro Maria Della Costa, lançou e consagrou atores. Nomes como Paulo Autran, Cacilda Becker, Fernanda Montenegro e muitos mais são dessa época. E em São Paulo também já havia uma crítica de teatro menos presa aos clubismos, mais objetiva, capitaneada por Décio de Almeida Prado e Sábato Magaldi no *Estadão*. Era um momento em que o jornalismo cultural, acompanhando as artes e a sociedade naqueles anos JK, vivia um renascimento no país.

Mas o bom momento não iludia Francis. Ele via os ainda numerosos defeitos. No teatro, queria mais modernidade nos atores e mais brasileiros na direção. Na crítica, queria superar o tom "didático" dos críticos paulistas e fazer uma abordagem mais contundente e coloquial. Seus textos na *Revista da Semana* saíam da chapa quente. Ele ainda se apoiava demais nos ídolos Shaw e Nathan, e foi de Shaw que usou uma idéia para comparar Cacilda e Fernanda – que seriam como Sarah Bernhardt e Eleonora Duse. A primeira era mais instintiva e colocava sua personalidade em todas as personagens que representava, carregando-as de magnetismo; a segunda assumia o papel integralmente, se despojando de si mesma. A analogia era plagiada de Shaw, mas se aplicava perfeitamente aos casos.

Mas a sede de influência de Francis só começaria a ser satisfeita quando, ainda em 1957, Pereira da Silva desistiu da crítica – também queria ser dramaturgo – e indicou Francis para sucedê-lo no *Diário Carioca*. Um dos diretores, Pompeu de Souza, aprovou a sugestão e logo estimulou o jovem crítico a adotar o tom militante e impiedoso. Curiosamente, João Augusto, o terceiro vértice do pacto crítico, também deixaria a função em 1959 para ingressar numa companhia de teatro experimental, na qual Glauber Rocha começaria a despontar para o mundo cultural. Em seu lugar, o mesmo Paulo Francis – agora dono de duas tribunas teatrais na capital federal.

Ao lado de Evandro Carlos de Andrade e Carlos Castello Branco, Pompeu de Souza vinha ajudando a modernizar o jornalismo nacional, da forma como fazia o *Jornal do Brasil* com Jânio de Freitas. Assim como no teatro se queria tirar a batata quente da boca dos atores, o texto no jornal tinha agora de ser mais simples e direto. Castellinho, certa vez, riscou de um texto de Francis a expressão "via de regra" e anotou à margem "é buceta". Alguns anos depois, Francis veria Graciliano Ramos fazer no texto de outro redator do *Correio da Manhã* um ato semelhante: riscou "outrossim" e, no lugar, não pôs nada; o sentido continuou o mesmo, e o texto mais elegante.

Francis logo captou o espírito. Aos poucos se tornou dono de um texto rápido (mais tarde diria que apenas Carlos Lacerda, Hélio Fernandes, Castellinho e Franklin de Oliveira podiam competir com ele nesse quesito), seco, livre de eufemismos e formalidades. E passou a fazer parte da nova crítica, tal como Almeida Prado e Magaldi em São Paulo e Henrique Oscar e Bárbara Heliodora no Rio.

Mas Francis não ficou só nisso. Com uma ferocidade única, "partiu para cima" do que considerava ser a Velha Guarda. Além dos atores então antiquados como Procópio Ferreira e Dulcina de Morais e do teatro que considerava "entretenimento" (no sentido de "antiintelectual" e, pois, para ele, desnecessário) como o de uma Dercy Gonçalves, elegeu o TBC como alvo maior. Dada a respeitabilidade da companhia, os ataques logo repercutiram. Francis via um ranço de amadorismo e canastronice predominando nos palcos brasileiros, e a maneira que escolheu para denunciar isso seria mais tarde reconhecida como tipicamente francisiana (ou antifranciscana): virulenta, duríssima, ferina como Shaw e Nathan jamais haviam sido.

Em 1958 essa metralhadora giratória (segundo a expressão da revista *Veja*), que às vezes saía do controle, se excedeu além de qualquer conta. Como ele mesmo reconheceu mais tarde, fez um artigo "deliberadamente cruel", "sórdido", "vergonhoso", contra a atriz Tônia Carrero. A indisposição nasceu com uma nota de Antonio Maria no jornal *O Globo*, que sugeria que o adjetivo *sexy*, ironicamente atribuído por Tônia a Francis, significaria homossexual. (Em parte por seu jeito de alemão enrustido, em parte por ter multidão de inimigos, Francis sempre levou essa fama injusta.) A reação, num artigo de 17/10/1958, foi espantosa até para os leitores que estavam acostumados com o texto detergente de Francis.

O título do artigo: "Tônia sem peruca". E a passagem mais chocante: "Nunca dormimos juntos, que eu me lembre, para que ela possa manifestar-se sobre minha virilidade. É possível que a vedeta esteja me confundindo com alguns de seus colegas de palco." No parágrafo seguinte: "Tônia talvez se interesse em saber que já me foram oferecidas cópias das fotos em que ela posou em trajes menores e posições provocantes, fotos que foram publicadas numa revista pornográfica americana, *Nugget*." Francis segue insinuando que Tônia era corrupta e que tinha ascendido ao estrelato usando o sexo.

O então marido de Tônia, Adolfo Celi, um dos diretores do TBC (e que mais tarde formaria com ela e Autran uma companhia própria), foi atrás de Francis no Teatro do Leme. Quando o viu, acertou-lhe um tapa no rosto e ambos se engalfinharam até que rapidamente foram separados. Inimigos de Francis garantem que Celi tirou os óculos do adversário, que não manifestou qualquer reação, antes de esbofeteá-lo. Francis negou que tenha ficado passivo. Sobre o outro atracamento, com Paulo Autran, que também o agrediu alguns dias depois, Francis diria que "na tradição do macho brasileiro, Paulo acha que ele ganhou, eu acho que eu ganhei". De qualquer modo, Francis se arrependeu do texto a vida toda, ainda que dissesse que era "tecnicamente perfeito".

Mas, se atirava tanto, Francis contribuía muito também. Sua brutalidade verbal pode ser explicada por sua criação e temperamento – a família alemã ("os Heilborn diziam na cara tudo que pensavam"), o choque do internato, a perda da mãe – e como uma reação ao atraso desesperador que tinha sentido no "Brasil profundo" (uma reação característica dos trotskistas, que falam como se em transe) e ainda ao fracasso de sua breve carreira como ator, diretor e dramaturgo. Mas também era resultado de uma observação concreta das deficiências do teatro, do jornalismo e da cultura brasileira naquele momento. Se assim não fosse, essa cultura não teria dado o salto de qualidade que em retrospecto nos parece tão evidente.

Um espetáculo brasileiro que marcou Francis antes mesmo de se tornar crítico profissional foi *A moratória*, de Jorge Andrade, com Fernanda Montenegro, em 1955. O autor e a atriz entrariam para o elenco dos prediletos do crítico. Em seu primeiro texto na *Revista da Semana*, não à toa chamado de "Novo teatro – Novas atrizes", em 2 de fevereiro de 1957, no mesmo ano em que se iniciava a construção de Brasília por JK, escreveu que para a "nova mentalidade teatral" direção, cenografia e luz são "parte e parcela de um espetáculo". O crítico estreante, enfim, apostava na "evolução teatral", pois, ao contrário dos críticos paulistas, tinha toda uma tradição a combater.

Francis via muito atraso. No ano seguinte, resenhando montagem de *O santo e a porca*, de Ariano Suassuna, decreta: "A trivialidade sem pretensões é a constante (...) até o desfecho da peça, quando temos uma novidade: subliteratura com pretensões. (...) Suassuna está, no mínimo, 300 anos atrasado, literariamente." Da montagem de *D. Violante Miranda*, de Abílio Pereira de Almeida, com Dercy Gonçalves: "O ambiente da peça é um bordel, local que parece perseguir o autor, pois suas personagens estão sempre em vias de ingressar na carreira da prostituição, quando já não são veteranas na mesma. Como o próprio Abílio, aliás, literariamente falando." E sobre seu ex-mentor: "Paschoal Carlos Magno é um fabricante de vedete, com atestados de respeitabilidade artística."

Ainda em 1958, Francis, ao lado de Bárbara Heliodora (do *Jornal do Brasil*) e diversos outros jovens, participa da fundação do Círculo Independente dos Críticos Teatrais (CICT) em contraposição à Associação Brasileira de Críticos Teatrais (ABCT), na qual estava, entre outros, Paschoal Carlos Magno. Era uma tentativa de romper com uma crítica teatral ainda presa à divulgação das peças, sem compromisso com a análise objetiva, incapaz de falar mal de quem quer que fosse.

O tom de Francis agora era o propositivo. Em artigos ensaísticos como "Uma proposta modesta", ainda em 1958, escreveu: "No Brasil, tivemos uma revolução modernista em 1922 e, desde então, não progredimos." Recomenda, para tanto, o método Stanislavski de interpretação (foi dos primeiros no Brasil a escrever sobre o Actors Studio de Nova York), mais natural, menos declamado. E a conseqüente formação cultural do público brasileiro.

Num texto em 16 de dezembro de 1959, Francis vai justificar sua adesão ao CICT da seguinte forma:

> A primeira função do CICT, a meu ver, será a de divulgar suas simpatias. Desde Eliot a Trilling, essa é a estratégia da crítica moderna. (...) Partindo de mim, essa declaração pode sugerir a muita gente sintomas conclusivos de paranóia, em virtude do caráter agressivo que sempre predominou nas minhas crônicas. A verdade é bem outra. Só agora o crítico encontra teatro brasileiro que lhe mereça proteção e divulgação.

Naqueles últimos dois anos o teatro brasileiro realmente dera um salto e Francis estava lá, com sua defesa do autor e do diretor nacionais – não em oposição aos estrangeiros, mas em adição. Entre os diretores, surgiram Flávio Rangel, Antunes Filho, Augusto Boal e João Bethencourt, todos avessos ao estilo antigo, "postiço", "burguês", de interpretação declamada e encenação previsível. Espetáculos como *Longa jornada noite adentro*, de Eugene O'Neill, com Cacilda Becker, eram a demonstração do novo.

Entre os autores, além de Jorge Andrade e Antonio Callado, brotaram Millôr Fernandes, Dias Gomes, Oduvaldo Vianna Filho e Gianfrancesco Guarnieri. O Teatro de Arena, surgido em São Paulo, fascinou Francis, principalmente quando encenou *Eles não usam black-tie* no Rio, em outubro de 1959. Os dilemas de um fura-greves seduziram Francis por sua poesia dramática:

Guarnieri consegue envolver-nos na luta primária de suas personagens pela sobrevivência, também pela valorização factual do ambiente. O ato de lavar-se, de tomar café, de beber cachaça – coisas que não notamos do nosso ponto de vista – são redescobertos, assumem a importância de nossos próprios problemas. Nós nos irritamos quando não há pão para os operários comerem pela manhã (...). Duvidamos que qualquer burguês na platéia, enquanto estava no teatro, não desejasse que a greve fosse bem-sucedida. Essa é uma das forças de Guarnieri como dramaturgo.

Em 1959, Francis já é crítico teatral de dois jornais (*Diário Carioca* e, mais esporadicamente, *Última Hora*) e assume ainda a função de co-editor da revista mensal *Senhor*. No entanto, a política começa a bater em sua cabeça. Na leitura da peça de Guarnieri, há, claro, a admiração pela empatia dramática conseguida pela história, mas há também uma identificação com o sentimento político do autor – que defende a união dos trabalhadores por seus direitos, mais que a declaração de uma revolução por parte de intelectuais utopistas. São tempos pós-Kruschev, mundialmente; no Brasil, são tempos de transformação política, com a campanha de Jânio Quadros pela moralização e pela sucessão de JK.

É nessa época que Francis encontra o romancista Adonias Filho, no Serviço Nacional de Teatro, e troca comentários sobre Shakespeare e Eliot, cujos versos citou de cor, com grande prazer. Adonias comenta: "Não sei como você pode gostar dessas coisas e ser de esquerda ao mesmo tempo." Francis não respondeu. Como Shaw ou Trotski, achava que se tratava meramente de "educar as massas". Acreditava nesse poder.

Não à toa, passa a defender cada vez mais um teatro "popular e político", embora jamais popularesco e programático, como escreve em 1960. Aos poucos, porém, começa a abandonar a crítica teatral, o que vai ocorrer em definitivo em 1963, depois de mais de 1.200 artigos sobre o tema. Está, de certo modo, cansado de acreditar no teatro como "instrumento de cultura" capaz de influenciar a fundo a sociedade brasileira. O rapaz de 24 anos que um dia desdenhara a notícia do suicídio de Getúlio é agora um homem de 30 anos prestes a se engajar na política nacional.

Esse assunto passa a ser seu alvo central ainda em 1959. Convidado por Samuel Wainer para escrever crítica de TV, Francis, que não gostava de TV ("Comprei um televisor para minha empregada. Sinto que estou envenenando a coitadinha", escreveria no *Pasquim*), usa os textos para falar dos programas políticos. Um de seus principais personagens é Carlos Lacerda. Alguns meses depois, Wainer o convida para assinar a coluna "Paulo Francis Informa e Comenta", em que passa a se ocupar do palco político. "Usei métodos para criticar políticos como fazia com os atores", escreveu. "Eu saí do teatro porque tinha a necessidade de um palco maior, essa é que é a verdade."

No futuro, olharia para aqueles tempos do teatro brasileiro (1955-1963) com enorme saudade. Na *Folha*, em 1989:

> Nos anos 50 e 60 tínhamos um teatro de repertório regular, que não faria feio em parte alguma do mundo, o Teatro Brasileiro de Comédia, que tinha diretores e professores como Zbigniew Ziembinski, Luciano Salce, Adolfo Celli, Gianni Ratto e Ruggero Jacobi, que formaram toda uma geração de diretores e atores brasileiros. E havia o Teatro Maria Della Costa e, egresso do TBC, Companhia Tônia-Celi-Autran, idem o Teatro Cacilda Becker, o Teatro dos 7 (Fernanda Montenegro, Ítalo

Rossi, Sérgio Brito, Fernando Torres), o Oficina, o Teatro de Arena. Havia o que escolher, em qualidade e tendência estética e política.

Não resta dúvida de que Paulo Francis, como crítico, foi parte integrante e estimulante dessa cena. Entrou com uma dose de erudição e outra de veemência que não se viam, ao menos misturadas, antes. Teve o bom gosto de eleger os melhores nomes em aparição, especialmente por sua capacidade de reconhecer o *acting* de primeira qualidade. Ajudou a lavar a naftalina do teatro ao mesmo tempo amador e pomposo que se fazia até então no Brasil, com raras exceções. E lançou no meio teatral um senso de importância – os rumos do país pareciam muito envolvidos ali – que ajudou a formar o clima de opinião em que artistas, ao contrário da lenda, precisam beber.

Seus ensaios sobre Shakespeare, Tchecov, Pirandello, Brecht, Eugene O'Neill e John Osborne, presentes em *Opinião Pessoal*, por exemplo, são muito competentes: têm idéias próprias sobre esses autores, informam o leitor brasileiro e usam argumentos bem fundamentados. De certo modo, Francis jamais retomou essa escrita mais ensaística, mais cursiva – e talvez por isso tenha morrido sem realizar o projeto de escrever um livro do gênero. E ainda que Guarnieri e Jorge Andrade não tenham permanecido na altura em que Francis os colocou, foi ao menos corajoso e hábil em logo defendê-los.

Também errou, é claro. Por exemplo: como Nelson Rodrigues não era de sua geração, mas parecia apontar para os rumos do novo teatro, nem sempre o compreendeu bem. Gostava muito de *Álbum de família* ("um drama da paixão, sem catarse religiosa") e *Senhora dos Afogados* e dizia que *Dorotéia* tinha antecipado Ionesco e Pinter. Admirava a "poesia teatral" de Nelson, o "impacto cênico" de suas situações humanas, o diálogo coloquial, fácil de falar. Mas, por seu prisma da época, achava que Nelson ainda tinha o que acrescentar. Repudiava suas posições políticas e moralistas e queria que Nelson fosse mais intelectualizado e politizado.

Ao resenhar *Perdoa-me por me traíres*, em junho de 1957, Francis criticou o hábito de Nelson de subir ao palco ao final da montagem e reagir às vaias do público. Três meses depois, em *Viúva, porém honesta*, Nelson deu o troco ao criar Dorothy Dalton, que encarnava para o autor o "crítico da nova geração", homossexual e covarde. Francis não se sentiu pessoalmente satirizado. Mas só foi reconhecer que tinha sido "esnobe" e "injusto" com Nelson muitos anos mais tarde. No *Estado*, em 1990, disse que se Nelson "escrevesse numa língua mais divulgada", teria morrido rico e famoso e "faria parte do repertório das grandes companhias".

Havia, em outros termos, a ambigüidade da influência de Shaw e Bentley. O drama intelectualizado que ambos defendiam exige, antes de mais nada, uma tradição consistente que não havia no Brasil de 1955, ainda que tudo naquela época parecesse ao alcance – JK propunha realizar "50 anos em 5" e ecoava a crença de muita gente. Além disso, o próprio Bentley se penitenciaria uma década depois, em *O teatro vivo*, por ter esnobado sem piedade o teatro mais acessível e emocional que agrada ao grande público. Mais uma vez, a contundência de Francis era "tática": tratava-se de promover o novo e detonar o velho, sem meios-tons.

Francis também faria o mea-culpa da radicalização de sua visão teatral a partir de 1960. "Politizei as críticas. Há várias que gostaria de comer ou incinerar", escreveu em *O afeto que se encerra*. Os esgares caricatos de Jânio Quadros já eram seu novo alvo. "Ambiciosíssimo", Francis concentrou toda sua esperança na política brasileira. Mal podia imaginar que levariam apenas quatro anos para que fosse pulverizada. Muito mais que o teatro e a cultura brasileira, a política o decepcionaria agudamente.

De leitor de Dostoievski a fã de Brizola, a transformação foi profunda. Francis não só descobriu o Brasil dos excluídos, mas também o Brasil que acreditava em resgatá-los, o Brasil especialmente de um Rio que borbulhava de promessas. Primeiro o teatro seria um instrumento. Depois, a política. Em ambos os casos, uma pequena elite criativa e culta seria capaz, mediante alguns ajustes ideológicos, de derrotar o "Brasil velho" em pouco tempo. Mesmo o golpe de 64 poderia ser visto como uma reação de desespero.

Até as censuras e as prisões pós-68 ratificavam essa auto-ilusão:

> Nos sentíamos mais vivos com as ameaças dos nossos inimigos, (...) éramos gente, nos levavam tão a sério que nos censuravam e nos prendiam [escreveu Francis em 1988]. Naqueles tempos de repressão nossos antagonismos se diluíram em face do inimigo comum. Nossa vidinha fútil ganhou uma nova dimensão, e vibrante, quando nos perseguiram. Havia, claro, a humilhação de que gente bronca e subletrada (estou usando eufemismos) pudesse dispor de nós como roupa suja. Mas era compensada pela imensa superioridade moral que sentíamos em relação a eles.

No caso de Francis, essa sensação de superioridade moral e intelectual era também subproduto de sua história pessoal, do ciclo que percorrera entre uma infância repressiva, uma juventude catártica, a conversão a uma causa ideológica e a adoção de uma profissão em que acreditava como frente de combate suficiente e potente.

Não espanta que tenha precisado de dez anos de semi-isolamento na "capital do mundo" para superar o trauma, a frustração de não poder fazer pelo Brasil o que sonhava fazer, e também a saudade de um período em que as artes e as idéias circulavam no sangue brasileiro como não fariam depois, até o momento. E o *frisson* não era exclusivo do Brasil naquelas duas décadas; estava em muitas partes do mundo ocidental, do teatro inglês à contracultura americana, do cinema francês à política italiana. Era realidade, ainda que muito tingida de ilusão. As possibilidades eram tantas que pareciam infinitas para aquele ambicioso ex-seminarista ateu. Por isso, o golpe nessa crença seria tão perturbador.

Só depois dos romances que expurgou tão dolorosamente no final dos anos 70 é que Francis realmente entraria em nova fase da vida. Mas o Rio de sua juventude jamais o deixaria.

Manhattan por aí

"Eu acho que o brasileiro é um povo infantil porque confunde desejo com realidade.
Eu já sofri disso também, mas acho que evoluí um pouco e digo.
Por isso é que irrito tanto as pessoas."

(Paulo Francis, 1994)

Enterradas suas ilusões de juventude, que tanto lhe custaram a partir do golpe de 64, Francis chegou aos 50 anos com um currículo de experiências e saberes muito raro no Brasil. Tinha vivido intensamente sua época e enfrentado seus próprios erros com mais vigor que seus contemporâneos. A década de 70 nos EUA servira para muito estudo e revisão. Agora, declaradamente frustrado como romancista e tendo já se despedido parcialmente do seu sonho de Brasil, o que lhe restava era o jornalismo "from New York", dedicado a mostrar ao seu país o novo curso do mundo.

Nos primeiros anos da década de 80, aquele Francis que ainda em *O afeto que se encerra* garantia o fim do capitalismo começa a desaparecer. Profissionalmente, Francis inicia sua melhor fase. A coluna "Diário da Corte", nascida em 1977 como "Manhattan por aí" e logo rebatizada, crescera em tamanho e audiência nas páginas da *Folha de S. Paulo*, em sintonia com o crescimento do jornal. Francis batia livremente no governo Figueiredo, à espera do fim do regime militar.

A partir de 1981, com igual liberdade, é contratado pela TV Globo, ainda a "besta fera" de muitos esquerdistas, para ser comentarista. Não há espanto nisso: Francis não foi o único adversário político que Roberto Marinho contratou. Armando Nogueira foi o avalista, lembrando ao dr. Roberto que Francis era excelente jornalista. Francis, tema até de rabiscos em porta de banheiro da Faculdade de Filosofia da USP ("Francistas de direita, francistas de esquerda, uni-vos", segundo o articulista Marcelo Coelho), passou a ser ainda mais famoso e bem pago – consagrado como o jornalista mais influente do Brasil até sua morte em 1997.

Nem tudo eram sintonias. Ainda em junho de 1980, Francis entrou numa polêmica que se tornaria mais significativa com o tempo. Ele vinha espezinhando o diplomata José Guilherme Merquior, crítico literário, historiador político, chamando-o de "moleque": "O senhor Merquior posava de marxista antes de 1964, hoje e amanhã ordenhará quem estiver no poder. Ele não é caso de polêmica intelectual. Faz carreira esticando lençóis de embaixadores. É caso de polícia, de delegacia de costumes." Francis via em Merquior o típico intelectual brasileiro sem independência, mais ocupado em se promover nos círculos políticos e acadêmicos. Reconhecia seu talento, mas sempre citava um episódio em que, editor da *Senhor*, ouviu de Merquior que o poeta Manuel Bandeira não era tão grande quanto seus admiradores diziam e o convidou a escrever um artigo sobre isso. Merquior recusou, segundo Francis, alegando que toda semana ia a um chá de intelectuais na casa de Bandeira e, portanto, não queria ficar mal com sua patota.

Merquior via naquele Francis do final dos anos 70 mais um dos intelectuais "românticos e apocalípticos" que rejeitam o mundo moderno, industrial, tecnológico. Depois que Francis o acusou de "transcrever orelhas de livros de pensadores da moda", em 1980, Merquior respondeu, na revista *Veja*: "Jamais na história da literatura houve alguém que unisse de forma tão superlativa a ignorância com a grossura." Como romancista, Francis, para Merquior, praticava uma "subliteratura de idéias"; como jornalista, era falsamente rebelde, pois era na verdade um conservador.

Exageros à parte, dos dois lados, alguns anos depois Francis concordaria com Merquior em relação à sua visão anticapitalista do mundo, além de passar a defendê-lo como um dos poucos interlocutores intelectuais à sua altura no país. E, como Merquior, veria em Fernando Collor, um jovem oligarca alagoano que em 1989 seria o primeiro presidente eleito pelo povo depois do fim do regime militar, uma promessa de modernização do Brasil digna de incentivo. Merquior, novamente ligado ao poder, foi quem escreveu muitos dos discursos mais elogiados de Collor. Quando morreu, em 1992, Francis o defendeu veementemente dos que o acusaram de ser um intelectual "de direita", como a professora petista Marilena Chauí.

Outra polêmica famosa de Francis nos anos 80 foi com Caetano Veloso, nas páginas da "Ilustrada", da *Folha*, que então começava a transformar o jornalismo cultural do país. Em 1983, Francis viu um programa de entrevistas da TV Manchete (hoje extinta), chamado *Conexão Internacional*, em que o entrevistador era Caetano Veloso e o entrevistado era Mick Jagger. Francis nunca simpatizou com a música e sobretudo com a figura de Caetano, assim como com as do líder do Rolling Stones. Mas não gostou mesmo foi da tietagem de Caetano para cima de Jagger. E deplorou por escrito a postura "reverente" e "submissa" do cantor baiano na entrevista. Caetano replicou num tom acima: numa entrevista coletiva, chamou Francis de "bicha amarga" e "boneca travada". Francis iniciou a tréplica com classe: "Ao argumento, o insulto". Mais à frente, entrou no outro tema: "O que ele está querendo dizer é que, sexualmente, sou igual a ele."

Alguns dias depois, Ruy Castro estamparia na capa da mesma "Ilustrada" uma série de depoimentos que se dividiam entre apoios a Francis e a Caetano (e uns poucos que não apoiavam nem um nem outro). Nem sempre tinha sido assim: no *Pasquim*, no início dos anos 70, Caetano, embora ciente de que Francis e sua turma não gostavam da Tropicália, dizia que um dos seus sonhos era "se divertir escrevendo como Paulo Francis". Francis marcaria Caetano a tal ponto que, 13 anos depois da polêmica sobre Mick Jagger, o cantor disse que seu livro de memórias, *Verdade tropical*, foi escrito para responder a Paulo Francis. Talvez por isso no último capítulo tenha dito que sua música encarna o Espírito Brasileiro, assim, com maiúsculas.

Para quem pedia a abertura democrática nas passeatas paulistas das Diretas-já, em 1984, era irritante ler em Francis que elas eram "bobagens", pois por definição "não servem para nada". De fato, não serviram para ver aprovada no Congresso a emenda constitucional que propunha eleições diretas para presidente; ajudaram, porém, a criar o clima que favoreceria a afirmação da democracia nos anos seguintes.

Seja como for, não aderia aos sentimentos da hora. Depois que morreu Tancredo Neves, que seria o presidente querido pela maioria, e assumiu o vice José Sarney, que fizera uma carreira política no apoio ao regime militar, Francis quase "jogou a toalha". Anos mais tarde, confessou ter cogitado de voltar em definitivo para o Brasil. Mas não demorou muito para que Sarney, com seu Plano Cruzado e seu bigode e jaquetão, lançasse água fria sobre o projeto de repatriação de Francis. A inflação, a demagogia e o fisiologismo do governo Sarney o demoveram já em 1986.

Francis passou a ser o inimigo nº 1 daquele que chamava ironicamente de "Sir Ney" e a também apelidar toda sua equipe (o ministro Maílson da Nóbrega, economista, era o "cabeça de melancia"), enquanto a maioria da imprensa e da população dava crédito aos bordões "tudo pelo social" e "fé na gente e pau na crise".

A essa altura, Francis já não era o romântico que previa o fim do capitalismo ou da humanidade, e se convertera ao mundo moderno que Merquior mencionara. Em seu livro de 1985 *O Brasil no mundo*, cujo subtítulo é *Uma análise política do autoritarismo desde suas origens*, já defende a "libertação das forças produtivas" – uma frase de Marx, que dizia que o capitalismo só poderia ser substituído se levado ao seu máximo de evolução – e critica as oligarquias encasteladas na máquina pública brasileira desde o período colonial, pondo o dedo numa ferida ainda viva em 2004: "Convenhamos, nesses 20 anos de um golpe que se propunha defender a 'iniciativa privada' do comunismo, o Estado cresceu à elefantíase." E algumas linhas adiante: "Em voltas das diversas 'brás' as favelas se avolumam."

Francis passou a bater no atraso brasileiro como nunca. Aderiu ao capitalismo e abandonou a esquerda de uma vez por todas. Em 1985, por exemplo, escreveu: "O PT diz ter um programa operário. Mas é um programa de radicais de classe média que imaginam representar a classe operária, e não de operários, porque estes querem mesmo é se integrar à sociedade de consumo, ter empregos, boa vida, etc. Não lhes passa pela cabeça coisas como socialismo." A maturidade, a leitura e a vivência nos EUA levaram a isso.

O "nacionalismo autárquico das esquerdas", assim, se tornou outro de seus alvos preferidos. Em outubro de 1986, em outra polêmica, esta com menos ataques pessoais, criticou um artigo do físico Rogério César de Cerqueira Leite, na *Folha*, por defender a reserva de mercado da informática. Achava que a lei afastaria o Brasil dos recursos e do conhecimento necessários para competir e avançar no mundo da tecnologia. Cerqueira Leite disse que a reserva era necessária para o Brasil sair da condição de importador de computadores e aproveitou para cutucar Francis: "Ele abusa da inteligência de seus leitores com os surtos de sua megalomania." Na década seguinte, a opinião de Francis se comprovaria a mais certa. O Brasil foi obrigado a abrir o mercado para ter acesso às inovações e poder começar a gerar sua própria tecnologia em alguns casos.

Francis tinha a nítida sensação de que o Brasil estava escolhendo rumos inadequados em sua ânsia de democratização. Sobre a Constituinte de 1988, não poupou ataques. À parte as grossuras, como a de dizer que o peemedebista Ulisses Guimarães tinha mau hálito, era capaz de juízos definitivos, como quando leu a Constituição promulgada no ano seguinte e decretou: "Acabei lendo a Constituição de 245 artigos. Os empreiteiros e senhores de terra levaram tudo que quiseram. O de costume."

Se em 1979 Francis ainda dizia que "o capitalismo é incorrigível" (acrescentando que "o comunismo é intolerável"), em 1987 já pensava completamente diferente: "A liberdade política é inextricável da econômica." Num texto que ficou célebre, "Marx vivo e morto", no mesmo ano, escreveu que a crença de Marx no socialismo era "moralismo judaico", por supor que o desenvolvimento do capitalismo levaria a uma conscientização dos proletários que o superaria. Repetiu a classificação de Merleau-Ponty, de que Marx era um "clássico", atual apenas em parte.

Em 1988 foi além:

> O mundo rico mais e mais se interpenetra, forma blocos econômicos que produzem riqueza cada vez maior. Esta vem não da absorção de matérias-primas do Terceiro e Quarto Mundos, como rezava o velho nacionalismo e o comunismo insurrectos, mas dos avanços da tecnologia, que só a internacionalização do conhecimento e da economia produzem. É o que aprendi vivendo nos EUA estes anos todos e que, de resto, qualquer análise histórica, não retórica e emocional, confirma.

A mudança ideológica de Francis, naqueles anos préqueda do Muro de Berlim, tinha origem na sua observação de alguns fatos – como a decadência econômica da antiga União Soviética e o veloz enriquecimento dos EUA e da Europa Ocidental – e também na sua leitura de alguns economistas que antes desdenhava, com destaque para Friedrich Hayek, de quem devorou *The Fatal Conceit: The Errors of Socialism*. Hayek diz que o erro fatal do socialismo foi supor que um grupo de pessoas no poder pudesse ter informação suficiente para fazer uma sociedade funcionar, produzir, sem perda do dinamismo. O máximo que essas pessoas podem fazer, escreveu Francis em 1989, é "congelar tiranicamente tudo que é espontâneo e criativo no ser humano. A história da URSS, claro, é prova viva desse diagnóstico".

Nesse mesmo ano Francis foi verificar *in loco* a derrocada do socialismo. Acompanhado do repórter Pedro Bial, da TV Globo, esteve na Hungria, Tchecoslováquia (hoje dividida em República Tcheca e Eslováquia) e Polônia. Aparecia no vídeo segurando produtos num mercado de Budapeste e mostrando a carência de preços acessíveis. Apesar do cansaço, voltou entusiasmado. Parodiou Marx e Engels, "O espectro do anticomunismo ronda o Leste europeu", e declarou: "Estamos vivendo um momento maravilhoso na história, do tamanho da Revolução Francesa e da Revolução Russa." Gorbachev, o artífice da abertura econômica da Rússia, seria o "estadista maior da segunda metade do século 20".

Francis passou a defender aquilo que seria chamado de "neoliberalismo". Para ele, como para Roberto Campos em sua página dominical no *Estadão*, o governo tinha de ser "como um guarda de trânsito", limitando-se a coordenar isto e aquilo para compensar distorções inerentes à livre competição. Não chegava a defender o Estado "mínimo" e até criticou o próprio Hayek por defendê-lo: "O Estado pode corrigir injustiças sociais, e corrige nos países civilizados, na medida do possível. Hayek não admite isso. À sua maneira é tão radical quanto Marx. O meio-termo é a medida certa." A rigor, porém, Francis nunca mostrou muita simpatia pela social-democracia européia e jamais chegou a definir o que seria esse meio-termo no Brasil. Apesar de não gostar pessoalmente de Ronald Reagan e Margaret Thatcher, elogiou a privatização e desregulamentação que promoveram em suas economias, permitindo saltos de produtividade.

Para os jovens que o liam naquele Brasil ávido de rumo, Francis era uma janela para o mundo, um contato com os debates intelectuais mais atuais, na política como na cultura. Apesar dos excessos, destoava fortemente da maioria dos jornalistas brasileiros, que ainda acreditavam (muitos até hoje acreditam) numa espécie de "socialismo democrático", como se essas coisas fossem conciliáveis, e temiam pela abertura econômica, pela privatização, pelo enxugamento do Estado que deveria ser o promotor do desenvolvimento. Francis, com seu estilo vivo e franco, mostrava o real significado da derrocada socialista, regime que não voltaria jamais. De certo modo, porque já derrubara seu muro de Berlim mental havia alguns anos.

No Brasil, seu alvo preferido passou a ser o PT. Primeiro, atacou fortemente Luiza Erundina na campanha para a prefeitura de São Paulo em 1988. A coluna de maior repercussão se chamou "Êta, Érundííína arrétada", que recebeu reação indignada dos leitores por mostrar preconceito contra nordestinos. Francis chegou a defender Paulo Maluf, com quem esteve em Nova York, por se dizer a favor de privatização. Achava que quem criticava Maluf é que estava sendo preconceituoso (contra sua origem libanesa), rejeitando o argumento de que não poderia ser modernizador um político demagogo e corrupto que deixava falido todo governo por que passasse. Sobre o Nordeste, dizia que a região vivia sob a ideologia do "raspa-barril" e que todos os nordestinos "de qualidade" a haviam deixado.

Mas foi no ano seguinte que Francis comprou sua maior briga na política. Na campanha para a presidência da República, concentrou fogo em Luiz Inácio Lula da Silva, a quem chamava de "sapo barbudo", por representar uma esquerda arcaica, nacionalista, autárquica, alheia às transformações recentes do mundo. Fez colunas e mais colunas seguidas sobre o assunto. Durante a campanha, escreveu bem menos sobre Fernando Collor, a quem chegou a chamar de "fedelho" e "desconhecido"; e sua principal objeção a Mario Covas, que então defendia um "choque de capitalismo" na economia brasileira, era a de ser "muito paulista". Qualquer um, no entanto, seria o "mal menor" na comparação com Lula, que, entre outras coisas, naquela campanha defendeu a estatização do sistema financeiro.

Ainda em 1989 Francis criou outra polêmica cultural, embora de contornos políticos. Escreveu um artigo chamado "O cinema à moda da casa", em que criticava os filmes brasileiros por amadores e apelativos, abrindo exceção apenas para o argentino Hector Babenco, e dizia que o país deveria desistir de investir nessa arte, por falta de aptidão. "Nenhum filme brasileiro dá certo porque todos os cineastas tentam demagogicamente se colocar na posição dos humildes." Francis, que nos anos do Cinema Novo cunhara a frase "O filme é uma merda, mas o diretor é genial" (atribuída erradamente a Jaguar), também sugeriu que os diretores brasileiros tomavam dinheiro público para construir "coberturas na Vieira Souto". (Collor, presidente eleito, já em 1990 suspenderia o financiamento público dos filmes. Apenas em 1994 uma lei de incentivo faria disparar sua retomada, dando ao cinema uma qualidade média e uma bilheteria conjunta inéditas.)

A resposta veio em página inteira de Arnaldo Jabor, que iniciou dizendo que o artigo de Francis era *flawless* (sem falhas); depois defendeu a classe por ser obrigada não só a competir com Hollywood, mas também a fazê-lo em linguagem não convencional; por fim lembrou episódios de humilhação de Francis como a bofetada de Adolfo Celi. "Fazer cinema no Brasil é um pouco mais complicado do que escrever para a *Folha de S. Paulo*", ironizou. Francis não respondeu a Jabor. Três anos depois, o mesmo Jabor, que praticamente abandonaria o cinema, substituiu Francis na "Ilustrada" e, tal como ele, assumiu o papel de inimigo da cultura estatizante do Brasil.

A maior briga, no entanto, viria no final de 1989. Foi com o primeiro ombudsman da *Folha*, Caio Túlio Costa, e por causa da disputa Lula x Collor. Nas semanas antes do segundo turno da eleição, Francis passou a elogiar muito Collor, principalmente por suas intenções de abrir e desestatizar a economia, contidas nos discursos escritos por Merquior. E atacou Lula dizendo que, se eleito, iria provocar "uma guerra civil", transformando o Brasil num "Sudão". Caio Túlio, em novembro, fez uma coluna acusando Francis de não fazer jornalismo, mas ficção. Criticou seus preconceitos, erros, "chutes" e insultos. E disse que não deveria ser levado a sério, mas visto como "cronista dos tempos" (um pleonasmo), como "diversão de jornal".

Francis reagiu de forma breve e contundente. Caio Túlio agia como cabo eleitoral de Lula e não tinha "currículo ou gabarito" para criticá-lo. "Mais uma vez lustro uma obscuridade respondendo a um ataque, o que havia jurado não mais fazer há anos", continuou. "Mas não me incomodo de confessar que acho uma grande vileza, no meu próprio jornal, ser atacado de maneira tão fuleira e insolente por um colega e suposto amigo."

O estopim veio em fevereiro quando Francis criticou uma reportagem da *Folha* que dizia que a visita de Collor a Moscou tinha sido ofuscada pela inauguração do primeiro McDonald's da cidade. Notou que um fato nada tinha a ver com o outro: aquele era um acontecimento oficial; este, popular. E acrescentou: "Tivesse esse jornal um crítico interno e é claro que teria chamado às falas o autor da manchetinha." O fato é que havia seis meses que a *Folha* tinha o crítico interno, Caio Túlio, a quem Francis obviamente estava desdenhando. E a direção, afirmando que Francis atacou a política do jornal sem submeter antes suas críticas, decidiu pela supressão dos parágrafos.

Caio Túlio protestou contra a censura e se defendeu dizendo que também criticara a matéria sobre Collor em Moscou. Mas voltou a fazer listas de alguns erros cometidos por Francis (como usar a taxa mensal de juros como se fosse diária), a afirmar que ele dizia uma coisa na *Folha* e o contrário na TV Globo (sem citar provas) e a criticar sua "subserviência" a Collor (Francis escrevera também que, por ser "alto, bonito, branco", Collor representava bem o Brasil). E fechou o texto diagnosticando em Francis "infantilismo tardio".

Francis, em artigo quatro dias depois, estranhou que um ombudsman tratasse das opiniões de um articulista e lembrou que Caio Túlio, que seria "um quadro do PT", não contestara nenhum argumento seu sobre Lula, e sim sua própria seriedade como jornalista. "Havia também o fator pessoal", continuou. "Eu sou bom. Caio Túlio é ruim. Eu sou famoso. Ele é obscuro. (...) Eu estou no ápice da minha carreira. Ele é apenas um bedel de jornal." A temperatura subiu nos parágrafos seguintes: "Fico imaginando aquela cara ferrujosa de lagartixa pré-histórica se encolhendo às minhas pauladas. Caio Túlio me causa asco indescritível, não posso garantir que se o encontrar não lhe dê uma chicotada na cara, ou, não, palmadas onde guarda seu 'intelecto'." Ao final, o chamou de "canalha menor".

Em 25 de fevereiro o diretor de redação da *Folha*, Otavio Frias Filho, interveio e determinou o fim da polêmica de conteúdo "estéril e pessoal", dando a chance de cada um fazer um último texto. Francis, em "Um episódio melancólico", disse ter se sentido atacado por uma instituição do jornal, não por outro articulista, e que este era movido por sua ideologia petista. Caio Túlio, em "O afeto que se encerra", criticou a "vaidade extremada" e, usando uma expressão de Sergio Augusto, a "incontinência verbal" de Francis.

A decepção com Collor, assim como a de quase todos que haviam votado nele, viria logo. O confisco das poupanças e os escândalos de corrupção fariam Francis ver que de moderno, ali, só havia mesmo o visual. Em novembro de 1990, tardiamente, escreveu sobre a mentalidade de Fernando e Rosane: "O Brasil sempre foi a casa da mãe Joana de elites sub-reptícias que fazem o que querem." No entanto, aquele Lula de 1989, estatizante e radical, não necessariamente teria feito estrago menor.

No mês seguinte, foi convidado pelo *Estado* e, depois de 15 anos como um dos mais lidos articulistas da *Folha*, mudou de jornal. Foi saudado em capa do *Caderno2* por José Onofre por sua coragem e inteligência e por Ruy Castro por sua paixão e cosmopolitismo.

*

No *Estado* continuou a causar polêmicas na política e na cultura, pela ordem de freqüência. Chegou a ser obrigado pela Justiça, em 1992, a ceder espaço em sua página para um direito de resposta do senador petista Eduardo Suplicy, a quem chamava de "M-A-L-U-C-O" e "Mogadon", nome de um remédio que deixa a pessoa sonolenta. E, dando uma idéia de seu alcance, recebeu como resposta à crítica que fez ao filme *JFK* um artigo do próprio diretor, Oliver Stone.

Mas sua vida cultural em Nova York começou a ganhar mais atenção do que suas diatribes contra os políticos brasileiros. Sua coluna adotou as notas como recurso para organizar a diversidade de assuntos que o interessava e, embora as de abertura fossem na maioria das vezes sobre política brasileira (Itamar Franco, Fernando Henrique Cardoso, Lula etc.), o espaço para os comentários de livros, filmes e óperas se tornou mais generoso, assim como os de temas que antes ele não tinha tão em conta, como restaurantes e balés. O nome "Manhattan por aí" voltou a ser usado dentro do "Diário da Corte", em geral como um rodapé de notinhas sobre a cidade. O leitor, agora menos nacionalista do que o da década anterior, agradecia.

Em janeiro de 1991 escreveu uma nota que seria sintomática de seu novo estado de ânimo:

> Chega de catastrofismo. A vida nunca foi tão boa para tanta gente. Nunca foi pior para muito mais gente. Mas nunca foi melhor para esses infelizes e já foi pior para a gente que vive no bem-bom. Considerem: mal se vivia até os 30 anos até mais da metade do século passado. Nunca se ganhou tanto dinheiro, nunca se soube tantas coisas – quem quer saber, porque o acesso existe – e nunca se viveu tanto. (...) Homem do meu tempo, partilho esse catastrofismo, mas minha razão me diz que é *nonsense*. Afinal, quem diria que EUA e URSS não se aniquilariam e a nós todos, entre 1949 e 1962? Era dado de barato. (...) Mas cá estamos nós, sempre à beira do abismo e, como nas fitas em série, salvos no último minuto.

Sua Nova York, claro, era Manhattan, especialmente no bairro de Upper Midtown, onde vivia, na rua 47 com Segunda Avenida, perto da ONU, onde sua mulher Sonia até hoje trabalha. A alguns quarteirões de distância estavam os lugares aonde mais ia, quase sempre a pé – livrarias como a Rizzoli, lojas de discos e filmes como a HMV, restaurantes como o Bravo Gianni, museus como o MoMA, além da sede da TV Globo. Francis também ia bastante à

Broadway, ao Metropolitan e ao cinema, tudo ao alcance de caminhadas. Se cansado, tomava um táxi. De vez em quando ia a um dos restaurantes chiques da cidade como Le Cirque, Sparks, Le Bernardin, The Four Seasons, Jo-Jo's – e seus comentários gastronômicos faziam rir seus amigos da mesma geração, que dizem que Francis sempre gostou mesmo de um bom sanduíche. Mas ele também podia comer num chinês da esquina, um arroz de leite proustiano no brasileiro The Circus ou um hambúrguer no P.J. Clarke's. Ópera e balé, no Lincoln Center (New York City Ballet). "Manhattan são várias cidades", escreveu em 1993. "Eu diria que quase toda avenida e quase toda rua têm a sua personalidade distinta. Como diria o poeta, pode ser perigosa, mas não é provinciana."

Sua rotina nos anos 90 era acordar às 10h, tomar um café, alimentar os gatos, ler os jornais (principalmente *The New York Times, The Wall Street Journal* e *Washington Post*, além de um brasileiro de dois ou três dias passados), dar uns telefonemas, ir a Globo, depois almoçar (muitas vezes fora, na maioria com algum amigo brasileiro), perambular pela cidade comprando livros, CDs e VLs (*videolasers*, espécie de grandes DVDs, que ainda não existiam comercialmente), às vezes ir a uma exposição. Retornava para seu apartamento duplex e ia para o escritório, no andar de cima, foto de Trotski na parede, escrever uma matéria para a editoria internacional ou então uma de suas duas colunas semanais de página inteira (a de quinta enviava na terça, a do domingo na quinta), as quais transmitia por fax à redação do *Estado* e do *Globo* (que desde 1992 passara a republicar o "Diário da Corte").

Quando ia para a TV Globo, onde gravava – depois de duas ou três tentativas e dezenas de palavrões – seu comentário diário, levado ao ar em geral pelo *Jornal da*

Globo, às vezes também pelo *Jornal Nacional*, era saudado calorosamente pelos colegas, que o chamavam por brincadeira de "Nhô-nhô". Da redação, disparava uma série de outros telefonemas, a grande maioria para o Brasil. À noite saía para jantar com Sonia ou, antes, pegar um cinema ou teatro. Voltava para casa e podia pôr um filme para assistir na TV de 33" ou escutar um disco de Wagner no mais alto volume, antes de dormir. Cigarro e uísque eram coisas do passado. Lia em média dois livros por semana.

A maioria das pessoas com quem convivia – no prédio, na redação, nos restaurantes – simpatizava muito com Francis. Ele era afável e gostava de fazer os outros rirem. Seus almoços podiam ser com políticos importantes do Brasil como José Serra, Delfim Neto e Roberto Campos, com amigos brasileiros em visita a Nova York como Luiz Schwarcz, Paulo Bertazzi, Wagner Carelli, Matinas Suzuki Jr., Elio Gaspari, Jô Soares, Diogo Mainardi e Nelson Hoineff, com colegas de trabalho como Lucas Mendes. Com Lessa, Millôr e o editor Jorge Zahar (que quando ficou doente em 1996 Francis tomou o avião para o Rio exclusivamente para visitá-lo), falava ao telefone duas ou três vezes por semana. Se escrevia que tinha almoçado com algum banqueiro ou embaixador, era verdade. E como marido era atencioso e respeitoso – Sonia podia se internar num retiro budista que Francis não reclamava. Quando viajavam, era para Londres ou Paris. Ao Brasil (Rio e São Paulo), Francis vinha cerca de três vezes ao ano passar uma semana.

Outra característica de Francis, que pode ser surpreendente para quem o imaginava tão arrogante por sua coluna ou por seus comentários na TV, era a grande generosidade com os jovens que o procuravam. Ele dava atenção, lia os textos que lhe eram enviados, encorajava o que via como positivo. Foi assim com diversos bolsistas que a *Folha de S.Paulo* enviou na segunda metade dos anos oitenta para temporadas de seis meses ou um ano em Nova York. Francis era atencioso até mesmo com aqueles distantes de seu mundo intelectual ou atitude jornalística. Jornalistas de todas as gerações posteriores receberam apoio dele, mesmo porque muitos haviam optado pelo jornalismo por sua causa. Alguns se tornaram seus amigos de verdade; alguns Francis achava divertidos, outros talentosos, uns poucos divertidos e talentosos. Nesse sentido, foi também diferente da maioria dos "medalhões" da imprensa brasileira, que formam sua patota, e ai de quem der palpites.

Um pouco desse Paulo Francis mais natural, mais espontâneo e gozador, começou a ser conhecido do grande público quando em 1993 um velho projeto seu, o de participar de uma mesa-redonda sobre assuntos diversos, se tornou realidade com o *Manhattan Connection* na GNT, canal por assinatura das Organizações Globo. Mediado por Lucas Mendes, o programa juntava Francis, o também jornalista Caio Blinder, especialista em política internacional e então politicamente mais à esquerda, e o produtor musical Nelson Motta, cuja simpatia cativava Francis; e a química era ótima.

Francis continuava deixando muito espectador de cabelo em pé ao pegar, por exemplo, o romance de uma escritora, olhar sua foto na quarta capa e soltar, com sua voz de batata quente e rouca, "Ah, nem sabe se vestir". Mas era um Francis muito menos retesado e empolado que o dos comentários do *Jornal da Globo*, cujo assunto dominante era a política externa dos EUA. Nessa época também começou a participar do ótimo *Milênio*, programa de entrevistas da Globonews, em que interrogou, entre outros, John Kenneth Galbraith e Norman Mailer.

Manhattan Connection continua, mas, apesar de ter empregado sucessivamente Arnaldo Jabor e Diogo Mainardi, jamais conseguiu substituir a presença vibrante de Francis, que podia se irritar profundamente com Blinder num bloco e, no seguinte, cantar uma canção de seu tempo. O público respondia com audiência e debate.

A personalidade pública de Francis era acompanhada de folclore desde suas primeiras e virulentas críticas de teatro no final dos anos 50. Mas a partir da década de 80, quando entrou na TV Globo (já tinha participado de um programa de entrevistas na extinta TV Tupi no início dos anos 60, mas por poucos meses), isso saiu do controle. Seu modo de falar no vídeo era considerado arrogante por muitos e engraçado por outros tantos. Uma vez, num táxi no Brasil, o motorista lhe perguntou: "O senhor não é aquele repórter do soquinho?" Francis não entendeu: "Como assim, soquinho?" Então o motorista imitou o jeito de Francis. "Aaaaqui em Nova Yoooork..." Francis achou divertido que ele chamasse seu "fecho sonoro" (*sic*) de "soquinho". No dia-a-dia, falava de maneira parecida, mas menos exagerada. Não era raro ter de parar na rua ou no restaurante para dar um autógrafo para algum turista brasileiro que o reconhecia da TV. O que ele fazia com gosto.

Alto (1,82m), gordinho, com cara de diplomata alemão e óculos que distorciam seus olhos como os de um chinês ou do Mr. Magoo, ele falava sem parar, gesticulando bastante e interrompendo o interlocutor com freqüência; se estavam caminhando, punha a mão no braço do outro e o fazia parar. Tinha momentos de doçura, como quando comemorava com alegria quase infantil o fato de ter ido a restaurantes cinco-estrelas em São Paulo e não ter precisado pagar nenhum; e momentos de desligamento, em que não ouvia o que lhe diziam ou então não sabia calcular a gorjeta do garçom. Gostava de fazer gozações, como deixar um recado na secretária eletrônica imitando a voz de Nelson Rodrigues, num efeito indescritível. Nos restaurantes, ficava olhando para as moças e apontando as que julgava serem *escort girls* dependuradas em algum velho rico. Quando comprava livros, CDs ou VLs demais, entrava em casa disfarçando-os para Sonia não se queixar.

Sobre ter filhos, Francis sempre citou a frase final das *Memórias Póstumas de Brás Cubas*, de Machado de Assis, como justificativa: "Não tive filhos, não deixei a nenhuma criatura o legado de nossa miséria." Isso, porém, não o impedia de tratar seus gatos com tanto carinho que não tirava Jojo do colo, que chorou de verdade quando Alzira morreu, que andava atrás de Bundinha ou Botafogo dizendo "Vem aqui com o *daddy*"... Boa parte de sua afeição também era transferida para jovens talentos que admirava.

Apontar essa contradição entre o jornalista de texto direto e agressivo e o homem gentil e desarmado se tornaria um lugar-comum nas descrições que faziam de Francis, mas quem lia atentamente o que ele escrevia também já conhecia o sujeito afetuoso e quem o conhecia mais intimamente sabia de suas explosões e intolerâncias. "*I'm contradictory, I contain multitudes*" (Sou contraditório, contenho multidões) era uma de suas frases preferidas, assinada por Walt Whitman. E ele queria soar um pouco menos "pernóstico" na TV.

Em 1994, quando lançou seu *Trinta anos esta noite*, pela editora de Schwarcz, a Companhia das Letras (com a qual já vinha colaborando com indicações editoriais e a organização de livros como *Onze ensaios*, de Edmund Wilson, bastante mal resenhado), foi muito atacado por essas contradições. O próprio livro já tem um formato ambíguo, ao misturar memórias pessoais e análise histórica. O objetivo era mostrar o quanto o golpe de 64 o desiludira, o retirara do conforto da ideologia – e ser, assim, uma espécie de auto-retrato de uma geração traumatizada política e pessoalmente. Mas continha também declarações polêmicas como "liberdade é mais importante que democracia" e "não acredito em voto popular". Francis lamentou, na parte final do livro, que nem mesmo um regime autoritário conseguira impor uma economia moderna ao Brasil. Ficou muito chateado ao ler na resenha de um antigo amigo, Leandro Konder, professor de filosofia marxista, a acusação de, por isso, ser "intolerante".

Com a recepção de *Waaal – O dicionário da corte de Paulo Francis*, organizado por mim, ficou mais satisfeito. A princípio, porém, achou o livro pequeno e cultural demais. Imaginava para si mesmo um volume do tamanho da *Bíblia do caos* de Millôr, com mais de quinhentas páginas. Mas a decisão tomada era fazer um livro com o melhor do que tinha escrito em vinte anos de "Diário da Corte" (1977-96), excluídos os ataques políticos e pessoais. Há alguns verbetes mais estritamente políticos, como PT, Clinton, Lacerda etc. Mas a grande maioria traz seus comentários culturais e comportamentais. Francis só relaxou quando viu na editora a capa do livro com a foto feita por Bob Wolfenson. Não podia imaginar que o livro, que vendeu bem (20 mil exemplares até o momento), seria seu último.

A expressão "Waaal", a propósito, começou a ser usada por ele nos últimos anos depois de ler uma biografia de Ezra Pound, o poeta americano (de cuja poesia não gostava), que falava de modo tão peculiar que dizia "Waaal" em vez de "Well" (Bem). Era uma forma de fazer uma pausa irônica, não uma exclamação (Uau!) como tantos pensaram.

O livro traz o repertório de um comentarista que, apesar de protestar contra a ideologia catastrófica, vê uma decadência cultural no mundo.

> Os bons escritores têm todos mais de 50 anos, não há mais bailarinos como Nureyev, cantoras como Nilsson e Callas, os dramaturgos que ainda sobrevivem são também coroas, cinema cessou de ser levado a sério como possibilidade, como sétima arte, exceto nos subúrbios mundiais, música, à parte a pancadaria *pop*, se encolheu na esterilidade dodecafônica, e por aí vai.

Ao mesmo tempo, esse comentarista distribui suas referências culturais de modo contagiante e povoado de *insights*, de sacadas memoráveis.

Era isso que mais atraía nas colunas de Francis, essa capacidade de criar frases sintéticas e perspicazes, de misturar humor, melancolia e informação. Ele podia observar, por exemplo, como os atores bonitos gostam de apanhar nos filmes (de Marlon Brando a Brad Pitt). Podia resumir: "Antigamente os filmes eram bobos e divertidos. Hoje são bobos e chatos." Ou anotar sobre uma peça de Edward Albee, *Três mulheres altas*, que a conversa entre as personagens nos fazia presenciar, como num *boudoir* (uma ante-sala ao toalete, para as mulheres se arrumarem), a invejável "capacidade feminina de sentir tudo e todos". Ou imaginar um diálogo muito engraçado entre a "radical chic" Susan Sontag e seu filho em Sarajevo. E, ao confessar que "Wagner é uma forma de vida alternativa", podia fazer o leitor sair em busca de uma loja de CDs.

No campo dos costumes, também tinha tiradas como registrar a "timidez extrovertida" dos americanos. Ou dizer: "A frase dos anos 90 é 'Nenhum problema'. Quer dizer o oposto, claro. Problemas demais." Ou lembrar: "A discussão das 'patrulhas ideológicas', que não existem, naturalmente, como as bruxas, exclui outra mais interessante, a da maior patrulha que existe: a da mediocridade, do conformismo, da resistência ao inconvencional." Indo mais longe: "Essa história de acabar com Deus – deveria ter sido óbvio aos intelectuais do século XIX – tinha de dar na certa em idolatria." E: "A maioria das pessoas vive por procuração."

Era esse banquete de inteligência, coragem e cultura que fazia a singularidade de Francis. Como um texto podia ser tão descontraído e tão sério ao mesmo tempo? Apesar dos defeitos, entre os quais não estava o de escondê-los, Francis tinha esse trunfo – de certo modo, o mesmo da bossa nova ou do futebol nacional, pelos quais não demonstrava muito interesse – e dele decorria seu poder de mudar mentalidades, de influenciar sensivelmente os leitores, de fazer cabeças, mesmo as que não dominavam muitos dos seus assuntos principais. Talvez tenha sido o último jornalista com esse poder. Em grande parte, isso era também porque, apesar de ter sonhado ser romancista ou dramaturgo, sua crença no jornalismo era enorme; e ela, somada à sua personalidade intensa, produzia impressões e pensamentos em alguns parágrafos que valiam por muitos e muitos livros, de autores brasileiros. Um aspecto dessa crença no jornalismo era sua própria exigência de ser bem pago por seu trabalho, o que levou o mercado a novos patamares, a respeitar melhor as assinaturas que trazem muitos e bons leitores para o jornal. Todo leitor, por mais irritado, sente gratidão por um jornalista que dá tanto de si num papel que, dizem quase todos os seus colegas, só serve para embrulhar peixe no dia seguinte.

Seu bom gosto também era evidente. Escritores ingleses e americanos como Henry Adams, Saul Bellow, Philip

Roth, Leonard Woolf, Muriel Spark, John Cheever, Evelyn Waugh ou Brian Moore foram divulgados no Brasil como ninguém por Francis. Suas referências a intelectuais como Bruno Bettelheim, George Kennan e Christopher Lasch também eram escassas no jornalismo brasileiro. Sua fidelidade a seus ídolos de juventude, como Shaw, Orwell, Nathan e Aldous Huxley, era admirável. E, embora não gostasse muito de Kafka, Conrad, Borges ou Graciliano, tinha a coragem de assumi-lo, sem passar por alguém "desatualizado".

Também identificava bons atores como poucos, de Laurence Olivier a Kenneth Branagh, passando por Brando, Gielgud, Jane Fonda, Vanessa Redgrave, Jack Nicholson, Katherine Hepburn, John Malkovich e Uta Hagen. Seus maestros preferidos: Furtwängler, Erich Kleiber, Karl Böhm, Reginald Goodall, Toscanini, Karajan. Cantores: Frank Sinatra, Judy Garland, Billie Holiday, Annie Ross, Elis Regina. Dramaturgos modernos: Miller, O'Neill, John Osborne, Harold Pinter. Diretores de cinema: Bergman, David Lean, Hitchcock, Michael Curtiz. (Apesar de seu elitismo nostálgico, às vezes podia surpreender com elogios a uma série de TV de David Lynch, *Twin Peaks*, ou a uma gravação de Cole Porter por K.D. Lang.) E mais todos os nomes já citados neste livro e em *Waaal*, em todas as artes.

Às vezes quando "falhava", era porque via uma necessidade tática – política? – naquele posicionamento. Quando, por exemplo, exaltou em demasia *Fogueira das vaidades*, o romance de Tom Wolfe sobre Nova York, é porque estava cansado das invencionices pós-modernas e queria uma volta ao romance de cunho mais social, à Balzac, esquecendo que a linearidade moralizante de Wolfe era um retrocesso até mesmo técnico. Não por acaso, ele mesmo tentou fazer como Wolfe.

Estava, na verdade, querendo fazer como Rubem Fonseca e tentar uma ficção escrita de forma direta e cumulativa. Em 1989, escreveu um romance que pretendia um *thriller*, em terceira pessoa, sem debates de idéias, com personagens objetivamente construídos – ou seja, diferente em quase tudo de sua ficção de uma década antes. "Tem banqueiros, estudantes, senhoras, família, rapazes", disse numa entrevista em O Globo no ano seguinte. "Estou escrevendo com a maior simplicidade, com parágrafos curtos. (...) Espero que venda muito, que seja um grande sucesso." O segredo, para isso, seria eliminar a "crosta modernista" dos seus outros romances. O livro era curto e teria o nome extraído de algum verso poético: *Nós sozinhos* ou *Jogando cantos felizes* (título que acabaria sendo definitivo). Ao mesmo tempo, serviria como o último livro da trilogia que nunca completou, porque mostraria brasileiros tentando viver num mundo pós-utópico, com tudo que tinha de bom e ruim, encerrado o ciclo dos anos 60-70.

Mas o editor pediu modificações e Francis não teve tempo de fazê-las antes de sua morte. Quatro anos depois, fez outra tentativa de romance, mas agora em inglês (já que o português, como lembrava, é uma língua desconhecida no mundo): uma "docu-ficção" sobre os dias posteriores ao suicídio de Getúlio. Francis chegou a escrever setenta páginas em inglês (chegou a 200 em português) e apresentar para a Random House, que gostou – admirou em especial seu domínio do inglês – mas pediu mais ritmo de *thriller*. O manuscrito foi para a gaveta, e Francis adiou para sempre o sonho de ser um Rubem Fonseca.

Antes de morrer, ainda pensaria num outro projeto: um livro só com ensaios sobre pensadores religiosos como Pascal, Kierkegaard, santo Agostinho (de quem acabara de ler uma biografia), Karl Barth, Spinoza. Provavelmente pretendia investigar a questão que mais o incomodou na vida, a recorrência do irracionalismo na natureza humana e a possível necessidade de convertê-la em virtudes como a compaixão. Nada mais significativo.

*

Francis morreu às 6h da manhã de 4 de fevereiro de 1997. Era uma terça-feira. Na sexta-feira anterior, com muitas dores no ombro esquerdo, procurou seu médico em Nova York, Jesus Cheda, que diagnosticou uma bursite, injetou cortisona e foi passar o fim de semana fora da cidade. Francis, apesar da leve dor, manteve sua rotina: no sábado foi ao Lincoln Center ver *Mozartiana*, um balé de seu coreógrafo favorito, Balanchine, e no domingo assistiu de novo a *Interlúdio*, de Hitchcock. Na segunda trabalhou normalmente, telefonou à tarde para amigos brasileiros em algumas partes do mundo, jantou no chinês da rua 46 e foi dormir. Mas acordou mais cedo, com muitas dores e dificuldade de respirar, e Sonia chamou a equipe de emergência. Os paramédicos chegaram rápido, mas nada puderam fazer. Às 6h30, deitado na sala, Francis morreu. Costumava lembrar o verso de Philip Larkin, "morrer deve ser como antes de nascermos".

Seu mal-estar não era de alguns dias. Nas últimas semanas Francis vinha sendo atormentado por um processo judicial. Não era o primeiro que sofria, mas era o mais severo. A Petrobras, que ele considerava uma "excrescência arcaica" por sua estrutura inchada e por não ter conseguido tornar o Brasil auto-suficiente em petróleo, estava pedindo US$ 100 milhões de indenização moral por causa das acusações feitas no *Manhattan Connection* por Francis. Sem provas, ele afirmou que a estatal tinha diretores corruptos, com conta na Suíça. O valor do processo o convertia, segundo Elio Gaspari, no "maior do gênero na história brasileira e um dos maiores na dos Estados Unidos". Assim como o valor, a escolha de Nova York como endereço da ação, embora o programa não tivesse sido transmitido para os EUA, mostrava uma estratégia: fazer Paulo Francis gastar muito tempo em preocupação e muito dinheiro em advogados. E foi o que aconteceu, mesmo com intervenção do ministro José Serra, que pediu, inutilmente, ao presidente Fernando Henrique Cardoso que intercedesse.

A Petrobras, então dirigida por Joel Rennó, conseguiu também gastar a saúde que restava a Francis. Embora tenha fumado por mais de trinta anos, usado drogas pesadas na juventude, tomasse antidepressivos (Lítio) e não praticasse exercícios, Francis ia bem nos exames médicos: não tinha colesterol alto ou problemas de pressão. No início dos anos 70 chegara a ser submetido a uma cirurgia, a extração de um tumor benigno no pescoço, que precisou se repetir no final dos anos 80. Mas o coração estava aparentemente bem. A ação da Petrobras, no entanto, tirou o sono e causou estresse agudo em Francis, que chegou a quebrar coisas em casa, durante explosões de raiva. E acelerou a morte dele, que dizia se sentir numa corrida em direção a ela. Curiosamente, Francis morreu numa combinação de características típica de sua vida: uma mescla de leviandade com coragem, de agressividade com idealismo. Pagando sempre um preço alto por isso.

Mas recolheu dividendos desde que surgiu como crítico teatral em 1957. Depois de quarenta anos de carreira, morreu deixando muitas marcas no jornalismo e na cultura brasileira e uma multidão de leitores órfãos. Estes continuam a imaginar o que ele diria do que estamos vivendo hoje. Afinal, jornalismo de opinião é ainda, como foi sempre e continuará sendo, jornalismo. "A glória da imprensa foi feita por gente com opiniões fortes e inconformistas", escreveu, ao tratar do "Eu acuso", o artigo de Zola que denunciou a campanha anti-semita contra o capitão Dreyfus. Podia ter em mente também Bernard Shaw, seu modelo maior de jornalismo por ter emprestado uma "incrível personalidade" a tudo que escrevia, articulando um repertório cultural melhor do que qualquer universidade poderia. As opiniões fortes de Francis também formaram muitas pessoas, pelos mais diversos motivos. Sua influência, porém, não pode mais ser repetida, porque mudaram os tempos e mudaram os articulistas.

Em sua última entrevista, dada para a repórter Daniela Mendes, da revista *Carta Capital*, num almoço do dia 31 de janeiro de 1997 no Bravo Gianni (o restaurante da rua 63 que Francis apreciava tanto que, depois de sua morte, foi homenageado pelo dono com o nome de uma das mesas), criticou o governo FHC. Como atribuía o fim da inflação ao governo Itamar Franco, dizia que FHC não tinha feito quase nada. Que FHC não dominava assuntos econômicos e que ainda não havia demonstrado ser um estadista. Faltavam privatizações e abertura econômica, segundo Francis. Também criticou a Lei do Audiovisual, que, apesar das distorções (o filme sai de graça para o patrocinador, que recupera o investimento em renúncia fiscal), ajudou o cinema brasileiro a "dar dinheiro", o que Francis achava impossível.

Não é difícil imaginar o que estaria pensando sobre a atualidade. Não simpatizaria pessoalmente com George W. Bush, mas certamente apoiaria a invasão do Iraque depois de uma rede terrorista islâmica derrubar duas torres de sua querida Nova York, mesmo que os laços entre a Al Qaeda e Saddam Hussein não tenham sido confirmados; o Francis do final da vida não tinha mais nenhuma tolerância para com os regimes fanáticos e atrasados do mundo muçulmano. Daria boas risadas com o governo Lula, que, mesmo tendo adotado a política econômica sugerida pelo FMI e não confirmado sua profecia de que o "Sudão" se instalaria, ele acharia perdido em incoerência e incompetência. Ficaria fulo com a tentativa de Lula de expulsar o correspondente do "New York Times", Larry Rohter. E gostaria de ver como a Petrobras, depois de obrigada a abrir à concorrência em alguns setores, a partir do governo de FHC, teve um salto de produtividade e hoje o Brasil caminha para a auto-suficiência, ainda que a gasolina esteja cara. Mas lamentaria profundamente a "guerra civil" em sua cidade, Rio de Janeiro.

Nos temas culturais, certamente continuaria a se queixar da ausência de talentos literários com menos de 50 anos, da decadência do cinema americano, da supremacia da TV. Provavelmente não gostaria de *Cidade de Deus*, o filme de Fernando Meirelles, porque defendia uma linha mais semelhante à de *Memórias do subdesenvolvimento*, de Alea Gutierrez, que segundo ele mostrou o pobre como é, não como bandido-herói. Lamentaria a fase de escritores queridos como Philip Roth e Muriel Spark, diretores como Scorsese e Coppola, dramaturgos como Mamet e Albee. Talvez admirasse o romance *Reparação*, de Ian McEwan. Mas estaria passando a maior do tempo como passou seu último fim de semana: revendo a obra de seus favoritos.

O próprio Francis reconhecia sua impaciência para com os novos valores, como escreveu num momento espantosamente autocrítico, em 1991: "Me tornei aquela coisa implausível de que Jürgen Habermas reclama, um conservador cultural e um liberal radical econômico. Não faz sentido." Não faz sentido porque se você é a favor de uma economia de livre-mercado, *laissez-faire*, não pode ser tão oposto às inovações da arte e do conhecimento, subproduto óbvio de tal sociedade aberta. E uma coisa é ser "elitista" no sentido de estar sempre elegendo o que há de melhor; outra é partir de pressupostos como o de que só determinadas pessoas podem apreciar a grandeza em qualquer situação – ou o de que cinema deve ser só diversão, TV e música popular são 99% lixos, esporte é perda de tempo, pintura acabou, não se fazem mais obras de arte como antigamente etc.

O maior defeito de Francis, enfim, era o exagero. Suas críticas caíam com freqüência no ataque pessoal. Mesmo que o leitor achasse engraçado, dar apelidos para os políticos não era equivalente a dar argumentos contra eles. E isso muitas vezes se convertia numa leviandade. Em outros casos, caía no erro de hipervalorizar a corrente contrária apenas para sacanear seu alvo, como se as idéias devessem sempre seguir o estrategismo da política. Até mesmo na análise cultural Francis muitas vezes deixava de lado a fundamentação, se limitando à qualificação. Quando leu em primeira mão *Os versículos satânicos*, de Salman Rushdie, por exemplo, disse que era "chato", mas não justificou por critérios estéticos. Fazia isso com freqüência. Ou então cometia o erro de fazer julgamentos em bloco, descartando, por exemplo, os chamados pensadores pós-modernos (Foucault, Barthes, Derrida) como se não tivessem escrito uma única linha interessante em toda a vida.

Se ajudou bastante o jornalismo brasileiro a modernizar a linguagem e o repertório, nesse aspecto continuava preso a um articulismo antiquado, feito de agressões personalistas, característico de um jornalismo brasileiro anterior aos anos 60. Lacerda, que tanto criticou (chamando de pulha, ladrão etc.) quando candidato a governador da Guanabara em 1960, permaneceu vivo dentro de Francis, em espírito e estilo. Francis, de fato, realmente tinha preconceitos – genéricos, não dirigidos – contra homossexuais, negros, nordestinos etc. Não eram incomuns naquela ilha branca e desenvolvida da Zona Sul carioca onde nasceu e cresceu. Mas ele não evoluiu nisso. Sobre o sindicalista Vicentinho, por exemplo, escreveu em 1989 um insulto obviamente racista e lhe prometeu "uma chicotada."

Francis também era menos original ou profundo do que fingia ser: muitas de suas avaliações eram copiadas de seus ídolos, como os americanos Nathan, Rahv e Wilson, sem o devido crédito ou a devida reflexão própria. (Tinha o hábito, também inspirado em Ezra Pound, de citar frases famosas sem registrar o autor, como "Matamos o tempo; o tempo nos enterra", de Machado de Assis. Muita gente acabava pensando que a frase era de Francis.) Também opinava demais sobre assuntos que dominava pouco, como dança e gastronomia, sem confessar que estava apenas arriscando um palpite. E tinha muito pouca paciência para checar as informações e rever o texto, mesmo escrevendo bastante e rápido, e acabava cometendo muitos erros. (Eram os "yamamotos" na época do *Pasquim*. Em 1970 Francis escreveu que o comandante do Japão em Pearl Harbor, almirante Yamamoto, estava presente a uma estréia de filme em Nova York. Só que ele tinha morrido em 1943. O termo "yamamoto" ficou como sinônimo de erro bobo, de lapso de memória.)

Eliminar essas grossuras e leviandades não significaria abrir mão de sua contundência, de sua franqueza, de sua coragem de expor as burrices e os burros. Ao contrário: uma argumentação mais exata pode ser ainda mais eficaz. De certo modo, Francis era consciente disso. Dizia ter sido até certo ponto obrigado a chamar atenção por essa virulência, até como forma de sobreviver – de ser influente, de garantir sua liberdade – num meio jornalístico e cultural tão frouxo e perverso quanto o brasileiro. Isso, porém, não justifica seus excessos, seus destemperos, que talvez pudessem ser mais bem entendidos por sua biografia infanto-juvenil de abandono. Millôr Fernandes e todos os amigos de Francis sabiam que, por trás da carapaça arrogante, havia um menino carente. Como todos nós. Apenas seu método crítico não precisava ser tão descompensador, tão desmedido.

Para os leitores, não eram apenas as opiniões de Francis que contavam. Era a maneira como ele as emitia, a personalidade com que as lançava – seu estilo inimitável, mistura modernista de expressões antigas, frases aforismáticas e musicalidade oral. Tal maneira era produtiva por um conjunto de fatores: o estilo de Francis não era apenas claro, desprendido, livre de eufemismos e covardias (do que chamava de "estilo de vitórias-régias" da imprensa brasileira); tinha também humor, informação culta, vivência intensa. Era como conversar com alguém que tinha lido e viajado muito e mesmo assim continuava inquieto, ardoroso, indignado. Por trás de suas certezas, o bom leitor sempre sentia uma mente curiosa, aberta em muitos flancos, ativa. Ninguém na sua brilhante geração de jornalistas – entre os quais se incluem desde Millôr até Ruy Castro, passando por Jânio de Freitas, Alberto Dines, Ivan Lessa, Sergio Augusto, Mino Carta, Elio Gaspari e outros – exibia a mesma mistura de erudição, verve e perspicácia, o texto tão marcante e sintético, a visão tão cosmopolita.

Isso fez dele um jornalista dos mais importantes da

história brasileira. Foi um dos principais críticos de teatro de sua geração, um dos maiores polemistas políticos, um comentarista de política internacional muito hábil tanto na imprensa escrita como na TV. E mostrou como poucos o valor formador que a mídia pode ter, levando, com seu fraseado contagiante, muitos jovens leitores a descobrir o prazer da vida cultural, a necessidade de buscar informações e experiências para tirar uma opinião própria.

A propósito, está equivocado quem diz que o fato de ele não ter se tornado colaborador dos jornais americanos significa alguma coisa. Francis chegou a publicar alguns textos, como no *Washington Post*, e recusou fazer alterações num ensaio para o *New York Review of Books*; também era, de longe, o mais lido e fichado correspondente brasileiro nos EUA. Mas vivia essencialmente para o Brasil, dando o sangue nos jornais brasileiros.

Não por acaso a imprensa brasileira tem hoje tantas pessoas influenciadas por ele. O maior sinal do talento de Francis é o fato de que elas não podem substituí-lo e nem querem. Umas o seguem mais no estilo "espancador", que bate sem sutileza no Brasil por ser tão atrasado na economia e no debate. Outras se inspiram nele para fazer um trabalho de crítica cultural, de comentário variado, mostrando ao leitor que o articulista não é um ser unidimensional, interessado em apenas um ou dois assuntos e sem nada de novo a acrescentar sobre eles. Num país onde tantos jornalistas são condescendentes com as mazelas nacionais e têm uma cultura geral flácida, tais influências podem ser muito benéficas. Desde que os defeitos não venham juntos, especialmente o personalismo e a superficialidade.

Francis sofreu de um mal que pode ser encontrado em vários outros grandes jornalistas de opinião, de

Bernard Shaw (de quem o romancista H.G. Wells disse: "Você tem todos os elementos da grandeza, exceto certa independência de sua própria excitabilidade intelectual") até hoje. O jornalista Adam Gopnik escreveu sobre Pauline Kael, a crítica de cinema da revista *New Yorker* admirada por Francis por sua sensibilidade combativa, que quando se começa a escrever num estilo picante o estilo picante começa a escrever o autor. O estilo de Francis era saboroso para quem o lia e mesmo o odiava, mas é fato que ele passou a ser escrito por seu estilo. Em parte, porque estava desbravando territórios e, assim, pagando o imposto do pioneirismo.

Quando resenhou o livro *Waaal*, o colunista Marcelo Coelho, que foi um dos que assumiram a contracapa da "Ilustrada" quando Francis foi para o *Estadão* em 1990, apontou muitos dos seus defeitos e qualidades em texto intitulado "Paulo Francis é a Carmem Miranda do caos" – texto que Francis disse não ter lido, mas de cujo título gostou.

> É como se Paulo Francis não se contentasse em ser crítico de cultura, sociólogo, intelectual. Ele precisa provocar. (...) Temos assim um intelectual tomado pela doença do antiintelectualismo. Seus textos mostram o resultado do pensamento – a opinião – sem mostrar o processo do pensamento. Daí seu caráter oracular, o tom "Meninos, eu vi". Paulo Francis sempre fala a partir de um ponto de vista autoritário. Ele sabe mais, ele não se engana, ele "já viu". A idade avançada e o posto geográfico – Nova York – facultam-lhe essa tomada de posição. É uma pena. Pois ele poderia dizer tudo o que diz de um modo mais sutil, mais aristocrático, menos caricatural. (...) Elite, no Brasil, é uma mescla de refinamento e grosseria. Paulo Francis é isso também.

Mas no parágrafo final Coelho cometeu um erro de ênfase:

> Ele nos ensinou a dizer a verdade. Ninguém fez o que ele fez aos jornalistas de minha geração. Ainda temos muitas coisas a aprender com sua atitude; embora seja maior, talvez, o número de coisas que não devemos aprender.

Não, o valor de ter ensinado novas gerações a dizer a "verdade", a dizer o que pensam – sem ficar em cima do muro ("embora, talvez"), sem usar português afetado ("facultam-lhe") – é sem dúvida mais importante que a soma de seus defeitos. É verdade que é possível fazer tudo isso sem cair na caricatura, sem comprometer o rigor. Mas não é possível fazer tudo isso sem ânimo para a provocação, sem disposição para o atrito, especialmente numa cultura provinciana, onde a ação-entre-amigos é de praxe, onde só se fala mal pelas costas. Incisividade é um ingrediente indispensável para a crítica. E o próprio leitor é seduzido por ela.

Suas contribuições são muitas, seus acertos mais numerosos que seus erros. Ele ajudou a lancetar a bolha em que a cultura brasileira vivia, mesmo com toda a intensidade criativa dos anos 50-60. Revelou ao Brasil autores importantes, romancistas e críticos – especialmente americanos – que não eram nem sequer mencionados por aqui. Foi excelente editor de publicações como o *Correio da Manhã* e a *Senhor*, além de repórter, entrevistador e resenhista. Participou de vários jornais inovadores como o *Pasquim* ou a *Folha* dos anos 80 e, neles, aproximou o Brasil dos debates atuais. Acima de tudo, enfrentou a opinião dominante em várias ocasiões: trotskista, atacou a esquerda stalinista; esquerdista, enfrentou o regime militar; liberal, destoou da visão estatizante que impregnou o país durante a reabertura democrática. Jogou na cara do brasileiro sua infantilidade emocional – sua mania de aceitar tudo passivamente e depois, com emoção, entoar o hino. Neste sentido, permaneceu um inconformista até o último dia.

Francis nunca deixou de ser o jovem idealista que, apesar do humor irônico e do realismo agudo, se exalta com suas opiniões e lamenta a imperfeição elementar do mundo. Daí o peso de 1964 em sua consciência. Mesmo quando sofreu a guinada ideológica, abandonando o esquerdismo dos anos 60 e o catastrofismo dos anos 70, continuou sendo o filho inteligente e magoado de Irene, o seminarista angustiado de Paquetá. Com um poder de contestação único.

Era espantoso como, mesmo depois de 25 anos em Nova York, pensava no Brasil o tempo todo, com saudades dos anos dourados-engajados, e demonstrava aquilo que chamou de "irritação do amante rejeitado". Apesar de não ser nacionalista e de passear confortavelmente por diversos assuntos, era essa sua obsessão, sua *bottom-line*, sua nêmesis. Nem o país nem Francis se tornaram o que podiam ser. Mas a história de um ou outro seria bem menos interessante se não fosse por isso.

Agradecimentos

Este livro resulta de muitas conversas travadas com o próprio Paulo Francis, que conheci pessoalmente em 1991, quando me indicou para trabalhar no *Caderno 2* de *O Estado de S. Paulo*. Sonia Nolasco, sua viúva e também minha amiga, incentivou bastante o projeto e ajudou a esclarecer algumas informações. No convívio com diversos amigos de Francis e em papos telefônicos com outros que gentilmente me atenderam, colhi mais impressões sobre seu passado e sua personalidade. A todos sou grato.

Não existem muitos textos em livro sobre Paulo Francis, que sempre se queixou de ser analisado mais como pessoa do que como autor. Uma exceção digna de registro é *Paulo Francis – O soldado fanfarrão*, de George Moura (Objetiva, 1996), que esmiuçou seu período como crítico teatral, acrescentando preciosa antologia de trechos. Em *Ela é carioca – Uma enciclopédia de Ipanema*, de Ruy Castro (Companhia das Letras, 1996), encontrei no verbete sobre Francis mais algumas informações.

Sou também grato a Ana Estanislau, minha secretária, e ao Arquivo Estado, onde tive acesso a muitas entrevistas de Francis e artigos sobre ele. A seguir, os livros escritos por ele, com as edições existentes até o momento.

Livros

Opinião pessoal. Civilização Brasileira, 1966.
Certezas da dúvida. Paz e Terra, 1970.
Nixon x McGovern: As duas Américas. Francisco Alves, 1972.
Paulo Francis nu e cru. Codecri, 1976.
Cabeça de papel. Civilização Brasileira, 1977; 2ª ed.: W11 Editores, 2003.
Paulo Francis – Uma coletânea de seus melhores textos já publicados. Editora Três, 1979.
Cabeça de negro. Nova Fronteira, 1979; 2ª ed.: W11 Editores, 2003.
O afeto que se encerra. Civilização Brasileira, 1980.
As filhas do Segundo Sexo. Nova Fronteira, 1982; 2ª ed.: W11 Editores, 2004.
O Brasil no mundo. Paz e Terra, 1985.
Trinta anos esta noite – 1964, o que vi e vivi. Companhia das Letras, 1994; 2ª ed.: W11 Editores, 2004.
Waaal – O dicionário da corte. Companhia das Letras, org. Daniel Piza, 1996.

Impresso pela gráfica Edigraf.
Primeira quinzena de novembro de 2004.